I0426698

Dedicazione

A tutti coloro che stanno navigando tra le onde del cambiamento portato dall'IA generativa.

Questo libro è dedicato a voi, leader, dipendenti, innovatori e sognatori. A coloro che si trovano al crocevia di un ambiente di lavoro in rapida evoluzione, alle prese con il profondo impatto dell'IA generativa. A coloro che stanno reimmaginando le norme, rimodellando la cultura e ridefinendo il significato di lavorare in un'epoca di progressi tecnologici senza precedenti.

La vostra resilienza, adattabilità e volontà di abbracciare l'ignoto sono le forze trainanti della trasformazione dei nostri ambienti di lavoro. Che questo libro vi offra una guida, un'intuizione e un incoraggiamento per forgiare nuovi percorsi nella creazione di ambienti di lavoro inclusivi, dinamici e orientati al futuro.

Il vostro viaggio sta plasmando il futuro del lavoro ed è con profondo rispetto e ammirazione che vi dedichiamo questa esplorazione.

Introduzione

Nelle pagine iniziali di "The Future of Work Now", poniamo le basi per una profonda esplorazione di due degli elementi più determinanti che stanno ridisegnando l'ambiente di lavoro odierno: l'IA generativa e i modelli di lavoro ibridi. Questo libro è ancorato al tema centrale della comprensione di come queste forze rivoluzionarie non solo stiano influenzando l'attuale panorama del lavoro, ma stiano anche tracciando i contorni del nostro futuro professionale.

L'IA generativa, un aspetto innovativo della tecnologia moderna, sta modificando il tessuto stesso delle operazioni e delle interazioni sul posto di lavoro. La sua influenza va ben oltre l'automazione delle attività di routine, penetrando nel processo decisionale strategico e nei processi creativi e ridisegnando le competenze richieste dalla forza lavoro contemporanea. Nel frattempo, il concetto di modelli di lavoro ibridi - una miscela di lavoro a distanza e in ufficio - è emerso dal regno della necessità e della sperimentazione per diventare una pietra miliare delle moderne strategie organizzative. Questo cambiamento, accelerato dalle circostanze globali, non è solo un adattamento temporaneo, ma una ridefinizione del posto di lavoro tradizionale.

Il motivo per cui ci siamo addentrati in questi argomenti è chiaro: ci troviamo in un momento cruciale nella storia del lavoro. La convergenza delle tecnologie avanzate dell'intelligenza artificiale con l'evoluzione delle pratiche lavorative rappresenta un significativo balzo in avanti, che porta con sé un immenso potenziale insieme a sfide complesse. Con questo libro ci proponiamo di analizzare questi elementi, offrendo uno sguardo completo sulle loro implicazioni, opportunità e sfide.

La nostra esplorazione non è solo accademica: è una guida pratica per navigare in questo nuovo terreno. Mentre indaghiamo più a fondo, invitiamo i lettori a unirsi a noi per scoprire gli strati di questa trasformazione, comprenderne le sfumature e prepararsi al suo impatto. Questo viaggio è fondamentale per tutti coloro che fanno parte della forza lavoro di oggi, o che hanno intenzione di farlo in futuro, perché dà forma a una comprensione di come possiamo adattarci, prosperare e sfruttare il potenziale di questi cambiamenti monumentali nel mondo del lavoro.

Nel tessuto in continua evoluzione dell'ambiente di lavoro moderno, l'IA generativa emerge come forza trasformativa. In questa sezione dell'introduzione si accenna brevemente al concetto di IA generativa, un tipo di intelligenza artificiale che va oltre l'analisi dei dati per generare effettivamente nuovi contenuti, idee e soluzioni. La sua crescente influenza si fa sentire in diversi settori, modificando radicalmente il modo in cui le aziende operano, innovano e competono.

L'IA generativa non è solo un progresso tecnologico, ma rappresenta un cambiamento di paradigma nelle capacità delle macchine. In campi che vanno dal marketing al design, dalla ricerca allo sviluppo, questa tecnologia sta consentendo un livello di creatività ed efficienza prima irraggiungibile. Le sue applicazioni sono diverse: dalla creazione di immagini e testi realistici alla proposta di complesse strategie di risoluzione dei problemi e alla generazione di modelli predittivi.

L'importanza di comprendere il ruolo dell'IA nel mondo del lavoro moderno non può essere sopravvalutata. Poiché ci troviamo alla vigilia di questa rivoluzione dell'IA, è fondamentale comprenderne non solo il potenziale, ma anche le sfide che comporta. Per le aziende e i professionisti, la comprensione dell'IA generativa sta diventando indispensabile per rimanere rilevanti e competitivi. Questa tecnologia sta ridefinendo i ruoli lavorativi, rimodellando i requisiti di competenza e stabilendo nuovi parametri di riferimento per l'innovazione e la produttività.

In questo contesto, il nostro obiettivo è demistificare l'IA generativa ed esplorare il suo profondo impatto sul posto di lavoro. Si tratta di prepararsi a un futuro in cui l'IA sarà parte integrante dell'ambiente di lavoro, plasmando il modo in cui pensiamo e affrontiamo il nostro lavoro.

Accanto all'ascesa dell'IA generativa, un'altra trasformazione significativa del posto di lavoro è stato il passaggio a modelli di lavoro ibridi. Questa sezione dell'introduzione analizza il modo in cui questi modelli sono emersi come risposta fondamentale alle mutevoli dinamiche del lavoro. Il lavoro ibrido, una miscela di modalità di lavoro a distanza e in ufficio, sta ridefinendo dove e come viene svolto il lavoro, rappresentando un'evoluzione significativa rispetto ai modelli tradizionali incentrati sull'ufficio.

La rilevanza dei modelli di lavoro ibridi nell'ambiente di lavoro odierno è multiforme. Inizialmente accelerato da eventi globali come la pandemia COVID-19, il passaggio a modelli ibridi è stato ulteriormente spinto dall'evoluzione delle aspettative dei dipendenti e dai progressi tecnologici. I lavoratori sono sempre più alla ricerca di flessibilità nel loro lavoro, apprezzando la possibilità di bilanciare in modo più armonioso la loro vita professionale e personale. Allo stesso tempo, i progressi delle tecnologie di comunicazione e collaborazione hanno reso possibile e spesso più efficiente lavorare da remoto.

L'esplorazione dei modelli di lavoro ibridi è essenziale perché non sono solo un adattamento temporaneo, ma stanno diventando un elemento permanente nel panorama lavorativo. Questi modelli rappresentano un nuovo modo di concepire gli spazi, i tempi e i processi di lavoro. Offrono il potenziale per un maggiore equilibrio tra lavoro e vita privata, l'accesso a un pool di talenti più ampio e risparmi sui costi per i datori di lavoro, ma comportano anche sfide come il mantenimento della coesione del team, della cultura aziendale e la garanzia di un trattamento equo per tutti i dipendenti, indipendentemente dalla loro sede di lavoro fisica.

Esaminiamo le complessità di questi modelli di lavoro ibridi. Comprenderli è fondamentale per le organizzazioni e gli individui che vogliono navigare con successo in questa nuova normalità. Questa esplorazione non si limita a riconoscere i vantaggi e le sfide, ma vuole anche dotare i lettori di strategie e intuizioni per sfruttare al meglio questo cambiamento.

Al centro della nostra esplorazione c'è un'intersezione critica: l'integrazione dell'IA generativa in contesti lavorativi ibridi. Questa intersezione rappresenta la confluenza di due importanti tendenze che stanno plasmando il futuro del luogo di lavoro. Il libro esamina come l'incorporazione delle tecnologie di IA in modelli ibridi stia non solo trasformando gli spazi fisici e digitali in cui lavoriamo, ma anche ridefinendo le interazioni, i processi e i risultati all'interno di questi ambienti.

Comprendere l'interazione tra l'IA e il lavoro ibrido è essenziale nell'attuale panorama lavorativo in rapida evoluzione. Le capacità dell'IA, dall'automazione delle attività di routine alla fornitura di analisi sofisticate e al potenziamento dei processi creativi, offrono una pletora di strumenti che possono migliorare significativamente l'efficienza e l'efficacia dei modelli di lavoro ibridi. Queste tecnologie consentono una collaborazione continua tra team distribuiti, assicurano la continuità delle operazioni indipendentemente dal luogo in cui si trovano e aprono nuove possibilità per l'innovazione e la risoluzione dei problemi.

Tuttavia, questa integrazione comporta anche dinamiche complesse. Richiede un attento equilibrio tra lo sfruttamento della tecnologia per aumentare la produttività e il mantenimento del tocco umano che favorisce la creatività, l'innovazione e la soddisfazione sul posto di lavoro. Il libro si propone di far luce su queste sfumature, offrendo spunti su come le organizzazioni possano sfruttare la potenza dell'IA in un contesto ibrido, alimentando al contempo una cultura del lavoro che valorizzi l'interazione umana, l'inclusività e le considerazioni etiche.

Attraverso questa esplorazione, il libro cerca di fornire ai lettori una comprensione completa di come l'IA e i modelli di lavoro ibridi si intreccino. Offre una tabella di marcia per navigare in questa intersezione, evidenziando le strategie, le sfide e le opportunità che derivano dall'adozione dell'IA in ambienti di lavoro ibridi. Questa comprensione è fondamentale per i leader, i manager e i dipendenti che vogliono prendere decisioni informate e adattarsi efficacemente alla natura mutevole del lavoro.

Il nostro lavoro è una guida pensata per orientarsi nel panorama intricato e in evoluzione del posto di lavoro moderno. Questa sezione dell'introduzione delinea gli obiettivi principali del libro, evidenziandone il ruolo di risorsa completa per comprendere e adattarsi ai cambiamenti portati dall'IA generativa e dai modelli di lavoro ibridi.

L'obiettivo primario è quello di fornire una visione approfondita di come l'IA generativa e i modelli di lavoro ibridi stiano rimodellando il mondo professionale. Approfondendo questi temi, il libro mira a demistificare le complessità e le sfumature associate a queste tendenze emergenti. Offre un esame approfondito dei potenziali impatti, benefici e sfide posti dall'integrazione dell'IA in vari contesti lavorativi e dal passaggio a modalità di lavoro più flessibili.

Il libro è una guida pratica che offre ai lettori strategie e indicazioni per affrontare efficacemente questi cambiamenti. Affronta le sfide che le organizzazioni, i leader e i dipendenti possono affrontare in questa nuova era del lavoro e fornisce soluzioni e best practice per superarle. Dall'implementazione delle tecnologie AI in modo etico ed efficace alla gestione e alla prosperità in ambienti di lavoro ibridi, il libro copre una serie di argomenti essenziali.

Sottolineando il suo ruolo di guida, forniamo ai lettori gli strumenti e le conoscenze necessarie per adattarsi e avere successo. Che si tratti di leader aziendali che vogliono integrare l'IA nelle loro attività, di professionisti che cercano di prosperare in contesti di lavoro ibridi o di organizzazioni che cercano di mantenere una forza lavoro produttiva e impegnata, "The Future of Work Now" offre indicazioni e spunti preziosi.

Lo scopo e l'obiettivo sono di mettere il lettore in condizione di abbracciare e navigare i cambiamenti che caratterizzano il futuro del lavoro. Fornendo approfondimenti completi e indicazioni pratiche, il libro vuole essere una risorsa indispensabile per chiunque voglia comprendere e adattarsi alle dinamiche in evoluzione del luogo di lavoro nell'era dell'intelligenza artificiale e dei modelli di lavoro ibridi.

Il libro è strutturato in tre parti distinte, ognuna delle quali approfondisce gli aspetti chiave del moderno panorama lavorativo plasmato dall'IA generativa e dai modelli di lavoro ibridi. Questa sezione dell'introduzione fornisce una breve panoramica di queste parti, dando ai lettori un'idea dei temi e degli argomenti critici trattati.

Parte 1: IA generativa e cultura del lavoro

In questa sezione si affronta un'esplorazione dell'IA generativa, illuminando il suo ruolo nella trasformazione della cultura del posto di lavoro. Qui si analizza il concetto di IA generativa, se ne traccia l'evoluzione e se ne discutono le varie applicazioni in diversi settori. I capitoli analizzano il profondo impatto dell'IA sui ruoli e sulle competenze professionali, evidenziando il cambiamento delle dinamiche sul posto di lavoro che questa tecnologia comporta. Inoltre, ci si sofferma sul panorama etico che circonda l'IA sul posto di lavoro, affrontando sfide come i pregiudizi e l'equilibrio tra l'intuizione umana e il processo decisionale automatizzato.

Parte 2: Navigazione nei modelli di posto di lavoro ibridi

Nella seconda parte l'attenzione si sposta sul concetto di modelli di lavoro ibridi. Questo segmento esamina l'ascesa di questi modelli come risposta alle dinamiche lavorative in evoluzione, analizzandone i vantaggi e le sfide. Tra gli argomenti principali figurano le tecnologie e le infrastrutture essenziali alla base di ambienti di lavoro ibridi efficaci, le strategie per la gestione dei team remoti e le sfumature della guida e del coinvolgimento dei dipendenti in un ambiente ibrido. Attraverso vari casi di studio, questa parte offre spunti pratici per implementare e far prosperare i modelli di lavoro ibridi.

Parte 3: Integrazione di IA generativa e modelli di lavoro ibridi

Nella parte finale, facciamo convergere i temi dell'IA generativa e dei modelli di lavoro ibridi, esplorando come queste due forze possano essere integrate per creare ambienti di lavoro più dinamici ed efficienti. In questa sezione si discute della fusione dell'IA con culture lavorative ibride, dell'aggiornamento professionale per un ambiente di lavoro ibrido guidato dall'IA e della gestione delle considerazioni etiche uniche in questa intersezione. La sezione si conclude con casi di studio di organizzazioni che sono riuscite a fondere con successo l'IA con modelli di lavoro ibridi, fornendo ai lettori spunti di riflessione e best practice.

Ogni parte del libro è progettata per offrire una comprensione completa del tema trattato, con esempi reali, casi di studio e consigli pratici. La struttura è quindi concepita per guidare i lettori attraverso le complessità di queste tendenze emergenti, fornendo loro le conoscenze e gli strumenti necessari per navigare e avere successo nel panorama del lavoro in evoluzione.

"The Future of Work Now" si rivolge a un pubblico eterogeneo, ognuno dei quali svolge un ruolo vitale nell'evoluzione dell'ambiente di lavoro moderno. Questo libro è particolarmente prezioso per i leader aziendali e i dirigenti che sono in prima linea nell'implementazione dei cambiamenti nelle loro organizzazioni. Offre loro spunti per sfruttare la potenza dell'intelligenza artificiale generativa e per integrare efficacemente modelli di lavoro ibridi, fornendo un vantaggio strategico nel panorama competitivo odierno.

Anche i professionisti di vari settori troveranno questo libro immensamente utile. Che si tratti di affrontare le sfide dell'adattamento a ruoli potenziati dall'intelligenza artificiale o di prosperare in ambienti di lavoro ibridi, il libro fornisce consigli pratici e previsioni sulle tendenze future che possono avere un impatto sulle loro carriere.

I responsabili delle risorse umane e i professionisti dello sviluppo organizzativo sono un altro pubblico chiave. Il libro offre loro prospettive sulla gestione dell'elemento umano di queste transizioni, dall'aggiornamento dei dipendenti alla garanzia di pratiche etiche nell'implementazione dell'IA e alla promozione di una cultura del lavoro ibrida e inclusiva.

Questo libro è una risorsa preziosa per accademici, studenti e ricercatori interessati al futuro del lavoro. Fornisce un'analisi completa delle tendenze attuali e delle previsioni future, rendendolo uno strumento utile per lo studio e la ricerca accademica. È una lettura essenziale per chiunque sia curioso di conoscere il panorama lavorativo in rapida evoluzione. Che siate proprietari di una piccola azienda, imprenditori di startup, responsabili politici o semplicemente persone desiderose di tenersi al passo con le ultime dinamiche del lavoro, questo libro ha qualcosa per voi.

Mentre ci troviamo sull'orlo di cambiamenti trasformativi nel mondo del lavoro, "The Future of Work Now" invita il lettore a intraprendere un viaggio esplorativo in ciò che ci aspetta. Questo libro non è solo una raccolta di intuizioni e previsioni, ma un viaggio nel cuore del panorama lavorativo in evoluzione, guidato dalla duplice forza dell'IA generativa e dei modelli di lavoro ibridi.

Vi invitiamo ad affrontare questo viaggio con mente aperta. I cambiamenti e gli sviluppi discussi in queste pagine non sono semplici speculazioni, ma realtà che si stanno sviluppando in tempo reale. Navigando tra i capitoli, incontrerete idee e concetti che sfidano le nozioni tradizionali di lavoro, spingendo i confini di ciò che è possibile in un ambiente professionale moderno.

Accogliete i cambiamenti e le sfide presentate in questo libro. Che siate leader che cercano di guidare la vostra organizzazione attraverso queste acque inesplorate, professionisti che cercano di adattarsi e prosperare o semplicemente individui curiosi del futuro del lavoro, c'è molto da imparare e ancora di più da riflettere.

Mentre partiamo per questo viaggio, ricordate che il futuro del lavoro non è un sogno lontano, ma un'evoluzione presente. Le intuizioni che otterrete qui sono strumenti per comprendere, adattare e plasmare questa nuova era. Quindi, voltiamo pagina ed entriamo nel futuro del lavoro, insieme.

Parte 1: IA generativa e cultura del lavoro

Nella prima parte di "The Future of Work Now", abbiamo esplorato l'intricata relazione tra l'IA generativa e la cultura del posto di lavoro, analizzando come questa tecnologia avanzata stia non solo ridefinendo i ruoli e le competenze richieste, ma anche rimodellando l'etica stessa del posto di lavoro moderno.

Iniziamo con un'immersione profonda nella comprensione dell'IA generativa. Non si tratta solo di fornire una definizione, ma di comprendere l'essenza dell'IA generativa e come si differenzia dalle forme tradizionali di intelligenza artificiale. Tracciamo lo sviluppo storico dell'IA sul posto di lavoro, tracciando il suo percorso dall'apprendimento automatico di base alle sofisticate capacità creative dei sistemi di IA generativa contemporanei. Questa narrazione è arricchita da esempi che illustrano come l'IA generativa viene attualmente utilizzata in vari settori, offrendo uno sguardo alle sue versatili applicazioni.

In seguito, esaminiamo il profondo impatto dell'IA sui ruoli e sulle competenze professionali. L'avvento dell'IA non sta solo trasformando le mansioni che svolgiamo, ma sta anche inaugurando una nuova era di requisiti di competenze e descrizioni di lavoro. Approfondiamo la natura di questi cambiamenti ed esploriamo come i dipendenti e le organizzazioni possono adattarsi a questo cambiamento. Tra questi, uno sguardo ai metodi di formazione innovativi progettati per dotare la forza lavoro delle competenze necessarie per prosperare in un ambiente di lavoro potenziato dall'IA.

Le considerazioni etiche costituiscono un aspetto cruciale della nostra discussione sull'IA. L'impiego dell'IA sul posto di lavoro solleva questioni di pregiudizi, processi decisionali e equilibrio tra intuizione umana e processi automatizzati. Esploriamo questi dilemmi etici e discutiamo lo sviluppo di strutture volte a guidare un uso responsabile ed equo dell'IA in ambito professionale.

Infine, le teorie e i concetti discussi vengono messi in pratica attraverso una serie di casi di studio. Questi esempi reali mostrano come vari settori stiano integrando l'IA nelle loro attività. Dalle storie di successo alle lezioni apprese, questi casi di studio forniscono preziose indicazioni sulle sfide e le soluzioni incontrate nell'adozione dell'IA.

La prima parte, quindi, pone le basi per comprendere l'impatto multiforme dell'IA generativa sul luogo di lavoro, aprendo la strada a una discussione completa su come queste tecnologie stiano plasmando le culture lavorative attuali e future.

Capitolo 1. Introduzione all'IA generativa

L'IA generativa si colloca all'avanguardia della tecnologia dell'intelligenza artificiale, segnando un salto significativo rispetto ai sistemi di IA tradizionali. L'IA generativa comprende un insieme di algoritmi e modelli in grado di creare contenuti o dati nuovi e originali, indistinguibili da quelli generati dall'uomo. Questa tecnologia va oltre la semplice analisi e interpretazione dei dati; genera attivamente idee, soluzioni, immagini, testi e persino suoni nuovi, basati su modelli e strutture apprese.

Una delle caratteristiche più sorprendenti dell'IA generativa è la sua capacità di innovare e produrre lavoro che si spinge oltre i confini della creatività e dell'efficienza. Le sue applicazioni spaziano in diversi campi, dalla composizione di musica e creazione artistica allo sviluppo di nuovi farmaci e all'ottimizzazione di sistemi complessi. Il potenziale dell'IA generativa risiede nella sua capacità di aumentare le capacità umane, aprendo nuove possibilità di esplorazione e scoperta.

Distinzione tra IA generativa e altre forme di IA

Per apprezzare appieno l'importanza dell'IA generativa, è essenziale capire come si differenzia dalle altre forme di IA. I sistemi di IA tradizionali, spesso classificati come modelli discriminativi, sono progettati principalmente per riconoscere, classificare e rispondere ai dati in ingresso. Questi sistemi eccellono in compiti come la categorizzazione di immagini, la traduzione di lingue o la raccomandazione di prodotti in base al comportamento passato degli utenti. Operano prendendo decisioni in base ai dati ricevuti, ma non creano nuovi dati o contenuti.

L'IA generativa, invece, è caratterizzata dalla capacità di produrre output non esplicitamente programmati o contenuti nei dati di addestramento. Utilizza tecniche come le reti neurali, in particolare l'apprendimento profondo, per comprendere e replicare i modelli e le strutture complesse all'interno del materiale di addestramento. Quindi, utilizza questa comprensione per generare contenuti nuovi e originali, spesso molto simili a quelli creati dall'uomo.

L'IA generativa si riferisce a un sottoinsieme di tecnologie di intelligenza artificiale progettate per creare autonomamente nuovi contenuti, soluzioni o dati. A differenza dei sistemi di IA convenzionali che sono programmati per analizzare e interpretare i dati per prendere decisioni o fare previsioni, l'IA generativa fa un passo avanti. Utilizza algoritmi avanzati per generare risultati che possono essere completamente nuovi, non solo una riconfigurazione dei dati di ingresso. Questa forma di IA si basa principalmente su modelli di apprendimento automatico, in particolare su reti di apprendimento profondo, che le consentono di apprendere da vaste serie di dati e di produrre risultati che imitano o replicano le caratteristiche dei dati di ingresso.

Caratteristiche principali che la distinguono dall'IA tradizionale

1. Creatività e innovazione: L'IA generativa può produrre contenuti inediti, siano essi testi, immagini, musica o idee, dimostrando una forma di creatività digitale che va ben oltre le capacità dell'IA tradizionale.

2. Apprendimento e adattamento: Impara dai modelli di dati e può adattare i suoi risultati in base a questo apprendimento, consentendo di generare creazioni sempre più sofisticate e accurate nel tempo.

3. Autonomia: Mentre i sistemi di IA tradizionali richiedono istruzioni e parametri specifici per funzionare, l'IA generativa ha un maggior grado di autonomia nella sua capacità di creare senza una guida esplicita.

4. Modellazione predittiva: L'IA generativa può essere utilizzata per prevedere e modellare scenari complessi generando dati

che rappresentano possibili risultati futuri, un passo avanti rispetto all'analisi predittiva dell'IA tradizionale.

Tipi di compiti che l'IA generativa è progettata per eseguire

1. Creazione di contenuti: Questo include la generazione di immagini realistiche, la creazione di musica, la scrittura di contenuti testuali e persino lo sviluppo di ambienti per videogiochi.

2. Aumento dei dati: L'IA generativa può creare nuovi punti di dati per aumentare i set di dati esistenti, particolarmente utili in scenari in cui la raccolta dei dati è difficile o limitata.

3. Simulazione e modellazione: Viene utilizzata per simulare sistemi o ambienti complessi, fornendo preziose informazioni in campi come la climatologia, l'economia e la pianificazione urbana.

4. Risoluzione dei problemi: In settori come la logistica o l'ottimizzazione delle reti, l'IA generativa può proporre soluzioni a problemi complessi generando molteplici scenari e risultati.

5. Design del prodotto: Può aiutare nel processo di progettazione generando numerose opzioni di design, iterando su di esse per trovare le soluzioni più ottimali.

In questo capitolo esploreremo l'IA generativa in modo più dettagliato, esaminando come viene applicata in vari settori e industrie. Questa esplorazione rivelerà il potenziale di trasformazione dell'IA generativa, mostrandone il ruolo di tecnologia cardine nel panorama attuale e futuro del lavoro e dell'innovazione.

La storia dell'intelligenza artificiale (IA) sul posto di lavoro è un affascinante viaggio di progressione dagli algoritmi di base, basati su regole, alla sofisticata IA generativa di oggi. Questa evoluzione è stata caratterizzata da una serie di sviluppi e scoperte, ognuno dei quali ha svolto un ruolo fondamentale nella trasformazione dell'IA.

L'inizio dell'IA a metà del XX secolo è stato caratterizzato da ricerche esplorative e teorie fondamentali. Questi primi sistemi di IA operavano sulla base di regole e logiche predefinite, in grado di eseguire compiti di base come calcoli, ordinamento di dati e semplici processi decisionali. Le loro prime applicazioni sono state viste in forme rudimentali di gestione dell'inventario e del servizio clienti, come i sistemi telefonici automatizzati.

Con il progredire dell'IA, le reti neurali - ispirate alla struttura del cervello umano - sono state concettualizzate e perfezionate, gettando le basi per modelli più avanzati. È nata così l'era dell'apprendimento automatico, in cui i sistemi potevano imparare e migliorare dall'esperienza senza una programmazione esplicita. L'avvento dei big data ha ulteriormente alimentato lo sviluppo dell'IA, fornendo a questi sistemi vaste serie di dati da cui apprendere e quindi migliorando le loro capacità.

Il passaggio dall'IA basata su regole all'apprendimento automatico e all'apprendimento profondo ha segnato una svolta significativa. A differenza dei loro predecessori, questi nuovi modelli non richiedono istruzioni dettagliate per ogni compito. Al contrario, erano in grado di apprendere dai dati, rendendoli adatti a una più ampia gamma di applicazioni complesse. Questa transizione è stata determinante per espandere il ruolo dell'IA sul posto di lavoro, passando da compiti semplici a funzioni più sfumate e sofisticate.

Lo sviluppo dell'IA generativa è stato favorito da importanti progressi tecnologici. Sofisticati algoritmi come le reti avversarie generative (GAN) hanno svolto un ruolo cruciale. Queste reti, che coinvolgono due reti neurali che lavorano in tandem, sono in grado di generare nuove istanze di dati sintetici. Questa innovazione, unita alla crescita esponenziale della potenza di calcolo e ai progressi nelle tecnologie di archiviazione ed elaborazione dei dati, ha permesso di gestire le grandi serie di dati necessarie per addestrare e far funzionare i sistemi di intelligenza artificiale generativa.

Questa traiettoria storica dell'IA, dalle sue origini basate su regole ai modelli generativi avanzati di oggi, ha rivoluzionato il mondo del lavoro. Ha aperto nuove frontiere per l'efficienza, la creatività e l'innovazione, ridisegnando il modo in cui il lavoro viene svolto e come potrebbe essere il futuro del lavoro. Approfondendo i capitoli di "The Future of Work Now", esploreremo lo stato attuale e il potenziale dell'IA sul posto di lavoro, illuminati da questo ricco contesto storico.

L'IA generativa, una meraviglia della tecnologia moderna, è sostenuta da diverse tecnologie di base che ne consentono le capacità uniche. La comprensione di questi elementi fondamentali permette di capire come funziona l'IA generativa e le sue potenziali applicazioni in vari settori.

Reti neurali

Il cuore dell'IA generativa sono le reti neurali, in particolare le reti neurali ad apprendimento profondo, che si ispirano alla struttura e al funzionamento del cervello umano. Queste reti sono costituite da strati di nodi o "neuroni" interconnessi che elaborano e trasmettono informazioni. Nel contesto dell'intelligenza artificiale generativa, le reti neurali vengono addestrate su grandi insiemi di dati, imparando a riconoscere e replicare modelli e strutture complesse all'interno dei dati. Le reti di apprendimento profondo, con i loro strati multipli, sono particolarmente abili nell'elaborazione di elevati volumi di dati, il che le rende ideali per compiti che richiedono un elevato grado di precisione e dettaglio, come il riconoscimento delle immagini e del parlato.

Elaborazione del linguaggio naturale (NLP)

L'elaborazione del linguaggio naturale (NLP) è un'altra pietra miliare dell'IA generativa, che consente alle macchine di comprendere, interpretare e generare il linguaggio umano. Sfruttando l'NLP, l'IA generativa può produrre testi simili a quelli umani, tradurre lingue o persino creare contenuti come poesie o articoli di giornale. I sistemi NLP utilizzano una combinazione di regole linguistiche e modelli di apprendimento automatico per decodificare e imitare i modelli linguistici, dando un senso alle sfumature e alle complessità della comunicazione umana.

Algoritmi di apprendimento automatico

L'IA generativa si basa anche su algoritmi avanzati di apprendimento automatico, che le permettono di imparare dai dati e di fare previsioni o prendere decisioni. Uno di questi algoritmi è la Generative Adversarial Network (GAN), che coinvolge due reti neurali - un generatore e un discriminatore - che lavorano l'uno contro l'altro. Il generatore crea dati (come un'immagine) e il discriminatore li valuta rispetto ai dati reali, imparando a migliorare la propria generazione nel tempo. Questo processo contraddittorio porta alla produzione di contenuti generati dall'intelligenza artificiale altamente realistici e convincenti.

Le reti neurali forniscono il quadro di riferimento per l'apprendimento e l'elaborazione dei dati, l'NLP consente di comprendere e generare il linguaggio umano e gli algoritmi di apprendimento automatico come i GAN guidano la creazione di nuovi output realistici. Insieme, queste tecnologie consentono all'IA generativa di svolgere una serie di compiti, dalla creazione di arte e musica alla risoluzione di complessi problemi analitici, rendendola uno strumento trasformativo nel moderno ambiente di lavoro.

L'IA generativa, con le sue ampie capacità, sta facendo breccia in diversi settori. Le sue applicazioni spaziano dal miglioramento della creatività e del design alla rivoluzione dell'analisi dei dati e del servizio clienti. Vediamo come l'IA generativa viene utilizzata in diversi settori e quali vantaggi e sfide comporta per ciascuno di essi.

Nel campo dell'industria creativa, l'intelligenza artificiale generativa sta cambiando le carte in tavola. Viene utilizzata per creare arte digitale, comporre musica e persino scrivere sceneggiature. Ad esempio, gli algoritmi di IA possono generare immagini o animazioni realistiche, aiutando i designer a concettualizzare e visualizzare nuove idee. Nei media, l'IA viene utilizzata per creare contenuti personalizzati, adattandosi alle preferenze individuali e migliorando il coinvolgimento degli utenti.

- Vantaggi: L'intelligenza artificiale nelle industrie creative accelera il processo creativo, offre nuove strade per l'innovazione e personalizza le esperienze degli utenti.

- Sfide: C'è un dibattito sull'originalità e sulle implicazioni etiche dei contenuti generati dall'IA, e si teme che l'IA sostituisca la creatività umana.

L'IA generativa sta trasformando le imprese e la finanza offrendo soluzioni avanzate per l'analisi dei dati e le previsioni. Gli algoritmi di IA sono in grado di elaborare grandi quantità di dati per identificare le tendenze e fare previsioni, contribuendo al processo decisionale strategico. Nel servizio clienti, i chatbot alimentati dall'IA forniscono un'assistenza personalizzata, migliorando l'esperienza del cliente e l'efficienza operativa.

- Vantaggi: L'intelligenza artificiale consente previsioni più accurate, un'elaborazione efficiente dei dati e un servizio clienti migliore.

- Sfide: L'affidamento all'IA per il processo decisionale solleva questioni relative all'accuratezza, alla parzialità e alla perdita del giudizio umano nelle decisioni aziendali critiche.

Nel settore sanitario, l'intelligenza artificiale generativa sta svolgendo un ruolo fondamentale nella diagnostica e nella pianificazione dei trattamenti. Gli algoritmi di IA possono analizzare le immagini mediche per aiutare a diagnosticare le malattie e, nella pianificazione del trattamento, l'IA può aiutare a creare regimi medici personalizzati basati su dati specifici del paziente.

- Vantaggi: L'intelligenza artificiale contribuisce a diagnosi più accurate, a piani di trattamento personalizzati e a potenziali progressi nella ricerca medica complessa.

- Sfide: Ci sono preoccupazioni sulla privacy dei dati, sulla necessità di disporre di serie di dati solidi per addestrare l'IA e sulla necessità di garantire che l'IA integri e non sostituisca le competenze del medico.

L'industria manifatturiera e la logistica stanno beneficiando dell'automazione e della manutenzione predittiva guidate dall'intelligenza artificiale. I sistemi di intelligenza artificiale possono ottimizzare i processi produttivi, gestire le catene di fornitura e prevedere i guasti alle apparecchiature prima che si verifichino, riducendo così i tempi di fermo e i costi di manutenzione.

- Vantaggi: L'aumento dell'efficienza, la riduzione dei costi operativi e il miglioramento della qualità dei prodotti sono vantaggi significativi.

- Sfide: I costi di implementazione, la necessità di inserire e analizzare continuamente i dati e il potenziale impatto sull'occupazione nei ruoli manifatturieri tradizionali.

In ognuno di questi settori, l'IA generativa comporta una serie unica di vantaggi e sfide. Se da un lato offre una maggiore efficienza, una maggiore creatività e un processo decisionale più informato, dall'altro presenta anche preoccupazioni quali considerazioni etiche, il potenziale spostamento di posti di lavoro e la necessità di una solida governance dei dati. Man mano che continuiamo a esplorare le applicazioni dell'IA, questi vantaggi e queste sfide determineranno l'integrazione e l'evoluzione dell'IA nei vari settori.

L'intelligenza artificiale generativa sta rivoluzionando il mondo del lavoro, ottimizzando in modo significativo l'efficienza e la produttività. Il suo impatto si fa sentire in diversi processi lavorativi, dove non solo snellisce le operazioni, ma porta anche un nuovo livello di creatività e intuizione.

In termini di efficienza, l'IA generativa è in grado di automatizzare attività complesse che tradizionalmente richiedevano un significativo contributo umano. Elaborando e analizzando grandi insiemi di dati a velocità senza precedenti, identifica modelli e intuizioni che possono migliorare l'efficienza operativa. Ad esempio, in settori come la vendita al dettaglio e la logistica, l'IA è in grado di prevedere il comportamento dei consumatori o di ottimizzare la gestione della catena di approvvigionamento, portando a un'allocazione delle risorse e a una gestione delle scorte più efficienti.

Il ruolo dell'IA generativa nel migliorare la produttività va oltre la semplice automazione. Essa assiste anche nei processi decisionali. Nel settore finanziario, gli algoritmi di IA vengono utilizzati per analizzare le tendenze del mercato e consigliare le strategie di investimento, consentendo così di prendere decisioni più rapide e informate. Nel marketing, gli strumenti di IA possono analizzare i dati dei consumatori per personalizzare le strategie di marketing, migliorando l'efficacia delle campagne.

L'intelligenza artificiale generativa sta lasciando un segno significativo nei processi creativi. Nel design e nella creazione di contenuti, ad esempio, gli strumenti di IA vengono utilizzati per generare nuovi concetti e idee, spingendo i confini della creatività. Questi strumenti possono proporre alternative di design, scrivere testi creativi o persino comporre musica, fornendo ai professionisti della creatività un potente strumento per esplorare nuove possibilità.

L'integrazione dell'IA nei processi lavorativi non è priva di sfide. Se da un lato l'IA può migliorare l'efficienza e la creatività, dall'altro è necessario bilanciare l'automazione guidata dall'IA con la supervisione umana. Garantire che l'IA integri le competenze umane, anziché sostituirle, è fondamentale per mantenere la qualità e l'integrità dei processi lavorativi.

Mentre contempliamo il futuro dell'IA generativa sul posto di lavoro, è chiaro che la sua traiettoria è pronta a rimodellare non solo il nostro modo di lavorare, ma anche i contorni più ampi dell'economia globale e delle norme sociali. Si prevede che gli sviluppi futuri dell'IA generativa saranno rivoluzionari. Prevediamo progressi che renderanno l'IA ancora più intuitiva, creativa e capace di gestire compiti complessi che attualmente richiedono competenze umane. Questa evoluzione potrebbe portare a sistemi di IA che non sono solo strumenti ma collaboratori nei processi creativi e strategici. Ad esempio, nel campo della ricerca e dello sviluppo, l'IA potrebbe svolgere un ruolo chiave nella scoperta di nuovi materiali o farmaci, accelerando drasticamente il ciclo dell'innovazione.

L'impatto dell'IA generativa su diversi settori lavorativi potrebbe essere profondo. In settori come quello manifatturiero, l'IA potrebbe portare a linee di produzione più efficienti e alla manutenzione predittiva, riducendo i tempi di inattività e i costi. Nei servizi e nelle relazioni con i clienti, l'IA potrebbe consentire esperienze più personalizzate ed efficienti. Tuttavia, questo comporta anche la sfida della dislocazione dei posti di lavoro nei ruoli che vengono automatizzati dall'IA, rendendo necessaria un'attenzione particolare alla riqualificazione e all'aggiornamento dei dipendenti.

L'economia globale potrebbe subire cambiamenti significativi grazie all'adozione diffusa dell'IA generativa. Potrebbe verificarsi un aumento della produttività e dell'efficienza in vari settori, con conseguente crescita economica. Tuttavia, questo potrebbe anche portare a disparità tra le aziende e le economie che possono integrare efficacemente l'IA e quelle che non possono farlo, aumentando potenzialmente il divario economico.

Le implicazioni etiche e sociali saranno in primo piano nell'adozione diffusa dell'IA generativa. Le questioni relative alla privacy dei dati, alla sicurezza e all'uso etico dei contenuti generati dall'IA diventeranno sempre più importanti. Saranno necessari quadri normativi chiari e linee guida etiche per garantire che l'uso dell'IA sia responsabile e vantaggioso per la società nel suo complesso. Inoltre, con la crescente diffusione dell'IA, il suo impatto sociale, in particolare sull'occupazione e sulla privacy, richiederà una gestione attenta e soluzioni ponderate.

Il futuro dell'IA generativa sul posto di lavoro presenta un panorama ricco di potenzialità e sfide. I suoi progressi promettono di portare efficienza e innovazione, ma richiedono anche un'attenta considerazione delle implicazioni etiche, sociali ed economiche. Nel procedere, l'attenzione si concentrerà sullo sfruttamento dei benefici dell'IA, affrontando al contempo in modo responsabile le sue sfide, dando forma a un futuro che sfrutti la tecnologia per il bene delle aziende, delle economie e delle società.

Per concludere questo capitolo sullo sviluppo storico e sulle tecnologie fondamentali dell'IA generativa, abbiamo attraversato la sua nascita, la sua evoluzione e le intricate tecnologie che ne costituiscono il fondamento. Abbiamo visto come l'IA generativa, dai primi sistemi basati su regole ai sofisticati modelli di apprendimento automatico e di reti neurali di oggi, rappresenti un salto significativo nelle capacità dell'intelligenza artificiale. Questa progressione dall'elaborazione di base dei dati alla creazione di contenuti e soluzioni nuove e innovative segna un cambiamento cruciale nel potenziale dell'IA.

Abbiamo approfondito le tecnologie fondamentali che guidano l'IA generativa, come le reti neurali che imitano il cervello umano, l'elaborazione del linguaggio naturale che consente alle macchine di interpretare e generare un linguaggio simile a quello umano e gli algoritmi avanzati di apprendimento automatico come le GAN che facilitano la creazione di dati completamente nuovi. L'insieme di queste tecnologie costituisce la spina dorsale dell'IA generativa, consentendole di avere un impatto su diversi settori industriali ottimizzando i processi, potenziando la creatività e aiutando a prendere decisioni complesse.

Abbiamo esplorato le applicazioni dell'IA generativa in diversi settori, dall'industria creativa, dove sta spingendo i confini dell'arte e del design, all'economia e alla finanza, dove sta rivoluzionando l'analisi dei dati e il servizio clienti, fino alla sanità e alla produzione, dove sta migliorando la diagnostica e la manutenzione predittiva. Ognuna di queste applicazioni dimostra il potenziale di trasformazione dell'IA generativa nel migliorare l'efficienza, la creatività e le intuizioni strategiche.

È chiaro che il percorso dell'IA generativa è in costante evoluzione e innovazione, con implicazioni significative per il futuro del lavoro. Le tecnologie di cui abbiamo parlato gettano le basi per un'esplorazione più approfondita di come l'IA stia rimodellando il posto di lavoro. Il prossimo capitolo esaminerà l'impatto dell'IA sui ruoli e sulle competenze professionali. Analizzeremo come l'avanzamento delle tecnologie di IA non si limiti ad automatizzare i compiti, ma crei anche nuovi ruoli lavorativi e renda necessario un cambiamento nelle competenze richieste nel posto di lavoro moderno. Unitevi a noi per continuare a navigare nel panorama in continua evoluzione del lavoro nell'era dell'IA.

Capitolo 2: L'impatto dell'IA sui ruoli e sulle competenze professionali

Nel capitolo 2 di "The Future of Work Now", la nostra attenzione si sposta sulla profonda influenza dell'intelligenza artificiale sul posto di lavoro. La presenza dell'IA nella sfera professionale è cresciuta in modo esponenziale, non solo in termini di infrastruttura tecnologica, ma anche nel modo in cui ridefinisce i ruoli e rimodella le competenze. Questo capitolo si propone di contestualizzare ed esaminare la profondità dell'impatto dell'IA sui ruoli e sulle competenze professionali.

L'integrazione dell'IA in vari settori ha superato i limiti della mera novità tecnologica, diventando una componente fondamentale delle funzioni operative e strategiche delle organizzazioni. Dall'automazione di attività di routine alla fornitura di analisi complesse e alla facilitazione di processi creativi, le capacità dell'IA stanno migliorando e trasformando la natura del lavoro. Questa evoluzione non è limitata a settori specifici ma è un fenomeno diffuso, che influenza una vasta gamma di professioni e discipline.

Con il continuo progresso dell'IA, la sua influenza sui ruoli professionali è duplice. Da un lato, automatizza e semplifica i compiti, portando a cambiamenti nelle descrizioni delle mansioni e alla possibile ridondanza di alcuni ruoli. Dall'altro lato, l'IA apre nuove strade all'innovazione e alla creatività, portando alla nascita di nuovi ruoli lavorativi che richiedono un insieme unico di competenze incentrate sulla tecnologia IA.

Contemporaneamente, le competenze richieste sul posto di lavoro stanno subendo un cambiamento significativo. L'ascesa dell'IA richiede una forza lavoro non solo esperta di tecnologia, ma anche adattabile e in grado di apprendere continuamente. Competenze come l'alfabetizzazione all'IA, l'analisi dei dati e la comprensione dell'apprendimento automatico stanno diventando sempre più importanti. Altrettanto fondamentali sono le competenze trasversali come il pensiero critico, la risoluzione dei problemi e la capacità di collaborare con i sistemi di IA.

Approfondiremo questi cambiamenti, esplorando come l'IA stia rimodellando i ruoli lavorativi in vari settori e le competenze emergenti che stanno diventando essenziali per i professionisti. Il nostro obiettivo è quello di fornire una comprensione completa del ruolo di trasformazione dell'IA sul posto di lavoro, offrendo spunti su come individui e organizzazioni possono adattarsi e prosperare in questa nuova era del lavoro.

L'impatto dell'IA sui ruoli lavorativi tradizionali è evidente in un'ampia gamma di settori. In settori come quello manifatturiero, l'automazione guidata dall'IA sta cambiando la natura del lavoro in fabbrica, riducendo la necessità di lavoro manuale in alcuni processi e spostando l'attenzione su compiti più qualificati come la supervisione delle macchine e il controllo della qualità. In settori come il servizio clienti, i chatbot e gli assistenti virtuali dell'IA si stanno occupando delle richieste di routine, consentendo ai dipendenti umani di concentrarsi sulle interazioni più complesse con i clienti che richiedono empatia e comprensione delle sfumature.

L'emergere di nuovi ruoli creati specificamente dall'integrazione dell'IA è uno sviluppo affascinante. Si tratta di posizioni come i formatori di IA, che insegnano ai sistemi di IA come interpretare e reagire alle interazioni umane, e gli etici di IA, che assicurano che le soluzioni di IA siano sviluppate e implementate in modo etico. Molto richiesti sono i data scientist e gli ingegneri dell'apprendimento automatico, incaricati di creare e perfezionare gli algoritmi di IA.

Il cambiamento delle responsabilità lavorative determinato dall'IA è significativo. L'IA integra le competenze umane, automatizzando i compiti ripetitivi e dispendiosi in termini di tempo, consentendo ai lavoratori umani di concentrarsi sulle aree in cui eccellono, come la risoluzione creativa dei problemi, la pianificazione strategica e la comunicazione interpersonale. Questa relazione complementare tra IA e competenze umane sta portando ad ambienti di lavoro più collaborativi, in cui i sistemi di IA e i dipendenti umani lavorano in tandem per migliorare la produttività e l'innovazione.

La trasformazione dei ruoli lavorativi dovuta all'integrazione dell'IA è multiforme. Se da un lato presenta delle sfide, come la necessità di riqualificazione e il potenziale spostamento di posti di lavoro in alcuni settori, dall'altro apre nuove opportunità di crescita professionale e di sviluppo di pratiche lavorative innovative. Nel prosieguo di questo capitolo, analizzeremo questi cambiamenti in modo più dettagliato, fornendo indicazioni su come la forza lavoro possa adattarsi e trarre vantaggio dall'evoluzione del ruolo dell'IA sul posto di lavoro.

La crescente integrazione dell'intelligenza artificiale nel mondo del lavoro rende necessario un cambiamento nelle competenze richieste dai professionisti di vari settori. Questa integrazione non solo sta rivoluzionando i ruoli lavorativi, ma sta anche ridisegnando le competenze necessarie per avere successo in un ambiente di lavoro guidato dall'intelligenza artificiale.

L'integrazione dell'IA nel mondo del lavoro ha creato una crescente domanda di competenze tecniche direttamente collegate all'IA e all'alfabetizzazione dei dati. Ai professionisti viene ora richiesta una comprensione di base del funzionamento dei sistemi di IA, compresa la conoscenza dell'apprendimento automatico, dell'analisi dei dati e dei processi algoritmici. In molti settori, la capacità di interpretare e sfruttare i dati generati dall'IA sta diventando fondamentale. Ad esempio, i professionisti del marketing utilizzano l'analisi dei dati guidata dall'IA per comprendere il comportamento dei clienti, mentre i professionisti della finanza sfruttano l'IA per le analisi di mercato e la valutazione dei rischi.

È evidente il passaggio a competenze tecniche avanzate in settori quali la programmazione dell'IA, lo sviluppo di modelli di apprendimento automatico e l'ingegneria dei dati. Queste competenze stanno diventando essenziali in settori fortemente dipendenti dall'IA, come quello tecnologico, finanziario e sanitario. La capacità non solo di utilizzare, ma anche di sviluppare e gestire sistemi di IA sta diventando una competenza molto apprezzata, che porta a nuove opportunità di carriera e ruoli lavorativi.

Oltre alle competenze tecniche, l'importanza delle soft skills in un ambiente di lavoro guidato dall'IA sta diventando sempre più evidente. Man mano che l'IA si fa carico di compiti analitici e di routine, competenze come il pensiero critico, la creatività e la risoluzione dei problemi sono più importanti che mai. Queste competenze consentono ai professionisti di integrare le capacità dell'IA fornendo una visione e un processo decisionale che l'IA non può replicare.

Anche le competenze interpersonali, come la comunicazione, la collaborazione e l'empatia, stanno acquisendo importanza. In un ambiente di lavoro in cui i dipendenti umani interagiscono sempre più spesso con i sistemi di IA, la capacità di comunicare efficacemente e di lavorare a fianco della tecnologia IA è fondamentale. Inoltre, poiché l'IA modifica i ruoli lavorativi, i professionisti devono adattarsi, richiedendo un alto grado di flessibilità e la volontà di impegnarsi nell'apprendimento e nello sviluppo continui.

L'integrazione dell'intelligenza artificiale nel mondo del lavoro ha provocato un cambiamento fondamentale nel panorama delle competenze professionali. Questa parte del capitolo analizza il modo in cui queste competenze si stanno evolvendo in risposta all'intelligenza artificiale, evidenziando la necessità di un set di competenze equilibrato che combini il know-how tecnico con le capacità di adattamento incentrate sull'uomo.

Con l'AI che sta diventando un punto fermo in molti settori, le competenze tecniche relative all'AI e alla scienza dei dati sono sempre più richieste. Queste includono competenze di programmazione, apprendimento automatico, analisi dei dati e comprensione degli algoritmi di IA. Queste competenze tecniche sono fondamentali per sviluppare, gestire e sfruttare efficacemente i sistemi di IA. I professionisti di settori che spaziano dall'informatica e dall'ingegneria al marketing e alla finanza trovano sempre più necessario acquisire una conoscenza di base di queste tecnologie per rimanere rilevanti e competitivi.

Oltre alla richiesta di competenze tecniche, è sempre più riconosciuto il valore delle capacità di adattamento. L'intelligenza artificiale, nonostante le sue capacità avanzate, non può replicare la creatività umana, il pensiero strategico e la risoluzione dei problemi. In questo nuovo panorama lavorativo, la capacità di pensare in modo creativo, di sviluppare soluzioni innovative e di risolvere problemi complessi sta diventando sempre più critica. Queste competenze consentono ai professionisti di sfruttare l'IA come strumento per migliorare il loro lavoro, anziché essere messi in ombra da essa.

L'equilibrio tra competenze tecniche e soft skills come la comunicazione, l'empatia e il lavoro di squadra è più importante che mai. Poiché l'IA altera i ruoli tradizionali e ne crea di nuovi, i professionisti devono collaborare efficacemente sia con i sistemi di IA che con i loro colleghi umani. La capacità di comunicare concetti complessi di IA in modo comprensibile, di immedesimarsi nelle sfide dei membri del team e di lavorare in modo collaborativo in team diversi è fondamentale.

L'evoluzione del panorama delle competenze professionali sottolinea anche l'importanza di una mentalità di apprendimento continuo. Con il progredire delle tecnologie dell'intelligenza artificiale, è fondamentale rimanere aggiornati sugli ultimi sviluppi e adattare le proprie competenze. Ciò significa impegnarsi in una formazione continua, sia attraverso corsi formali, workshop o autoapprendimento. Poiché il posto di lavoro integra sempre più l'intelligenza artificiale, la necessità di metodi di formazione innovativi e di iniziative educative per aggiornare i dipendenti diventa cruciale. Questa parte del capitolo si concentra su varie strategie e programmi progettati per dotare la forza lavoro delle competenze necessarie per un ambiente di lavoro integrato nell'intelligenza artificiale.

I programmi di formazione aziendale sono in prima linea in questo sforzo di riqualificazione. Molte organizzazioni stanno sviluppando moduli di formazione interna incentrati sull'IA e sull'alfabetizzazione digitale. Questi programmi sono adattati alle esigenze specifiche dell'azienda e spesso includono esperienze di apprendimento pratico. Coprono una serie di argomenti che vanno dai concetti di base dell'IA e dall'alfabetizzazione dei dati a temi più avanzati come l'apprendimento automatico e l'applicazione dell'IA in specifiche funzioni aziendali.

I corsi e i workshop online offrono un'altra possibilità di sviluppo delle competenze. Esiste una pletora di piattaforme online che offrono corsi di IA, scienza dei dati e campi correlati. Questi corsi vanno dai livelli introduttivi a quelli avanzati, rendendoli accessibili ai dipendenti con diversi gradi di conoscenze pregresse. I workshop, spesso più interattivi e mirati, offrono ai dipendenti l'opportunità di applicare il loro apprendimento in scenari pratici ed esercizi di risoluzione dei problemi.

Le partnership tra istituti di istruzione e aziende stanno svolgendo un ruolo fondamentale nella preparazione della futura forza lavoro. Queste collaborazioni spesso prevedono il co-sviluppo di programmi di studio che incorporano l'IA e l'alfabetizzazione dei dati, assicurando che l'istruzione fornita sia pertinente e applicabile all'attuale mercato del lavoro. I programmi di stage e coop, che fanno parte di queste partnership, offrono agli studenti un'esperienza reale in contesti lavorativi integrati nell'IA, colmando il divario tra l'apprendimento accademico e i requisiti professionali.

I programmi di mentorship all'interno delle organizzazioni possono facilitare il trasferimento di conoscenze da parte di dipendenti più esperti che hanno una solida conoscenza delle applicazioni dell'IA in contesti aziendali. Questo approccio di apprendimento peer-to-peer può essere particolarmente efficace nel contestualizzare le competenze di IA all'interno di specifici ruoli lavorativi. Una combinazione di programmi di formazione aziendale, formazione online, workshop e partnership con istituti di istruzione costituisce un approccio completo per l'aggiornamento dei dipendenti per un ambiente di lavoro integrato nell'IA. Approfondendo l'argomento, il capitolo evidenzierà l'importanza dell'apprendimento continuo e dell'adattabilità, fornendo spunti su come le organizzazioni e gli individui possono navigare nel panorama in evoluzione delle competenze professionali nell'era dell'IA.

La rapida evoluzione del panorama dell'intelligenza artificiale richiede un cambiamento di paradigma nel modo in cui sia gli individui che le organizzazioni affrontano lo sviluppo delle competenze. L'apprendimento continuo e l'adattabilità non sono più un optional, ma sono essenziali per il successo nell'era dell'intelligenza artificiale. Questa parte del capitolo analizza l'imperativo di promuovere una cultura dell'apprendimento continuo e le strategie che le organizzazioni possono attuare per coltivare questa mentalità.

In un ambiente di lavoro guidato dall'IA, le tecnologie e le best practice sono in costante evoluzione. Questa natura dinamica dell'IA significa che le competenze e le conoscenze che sono rilevanti oggi possono evolvere o diventare obsolete domani. Per i professionisti, questo ambiente richiede un impegno nell'apprendimento continuo, un processo continuo di sviluppo di nuove competenze e conoscenze per rimanere al passo con i progressi tecnologici. Per le organizzazioni, si tratta di creare un ecosistema che non solo incoraggi, ma consenta anche questa crescita e adattamento continui.

Una strategia efficace per le organizzazioni consiste nell'integrare l'apprendimento nel tessuto della loro cultura lavorativa. Ciò può essere ottenuto offrendo regolarmente sessioni di formazione, workshop e seminari incentrati sulle tecnologie AI emergenti e sulle loro applicazioni nel settore. La partecipazione a questi programmi può essere ulteriormente incentivata attraverso riconoscimenti, premi o incorporandoli nei piani di sviluppo della carriera. La creazione di opportunità di apprendimento esperienziale è un'altra strategia chiave. Si può trattare di progetti pratici che prevedono applicazioni di IA, hackathon o collaborazioni con aziende tecnologiche su problemi reali. Queste esperienze consentono ai dipendenti di applicare le loro conoscenze teoriche in contesti pratici, migliorando la loro comprensione e le loro competenze.

Le organizzazioni possono investire in piattaforme di apprendimento digitale che offrono una serie di corsi e risorse sull'IA e sui campi correlati. Queste piattaforme devono essere accessibili e flessibili, in modo da consentire ai dipendenti di apprendere al proprio ritmo e in base ai propri impegni personali e professionali.

Anche i programmi di mentorship all'interno dell'organizzazione possono svolgere un ruolo significativo. L'abbinamento di dipendenti meno esperti con mentori esperti di IA crea opportunità di trasferimento delle conoscenze e di guida pratica, favorendo una comunità di apprendimento all'interno del luogo di lavoro. La leadership svolge un ruolo cruciale nel promuovere una cultura dell'apprendimento. I leader che danno priorità al proprio apprendimento continuo sono un esempio potente per i loro team. Possono anche sostenere e implementare politiche che supportino la formazione, lo sviluppo delle competenze e l'innovazione.

Con la rapida evoluzione del panorama dell'IA, la necessità di un apprendimento continuo e di una capacità di adattamento diventa sempre più critica. Per gli individui, ciò significa impegnarsi nella formazione permanente. Per le organizzazioni, si tratta di creare un ambiente che supporti e incoraggi questo sviluppo continuo. Adottando queste strategie, entrambe possono affrontare le sfide e le opportunità presentate dall'IA, assicurando prontezza e rilevanza nel futuro del lavoro.

Nell'esplorare la trasformazione delle competenze resa necessaria dall'integrazione dell'intelligenza artificiale sul posto di lavoro, gli esempi del mondo reale offrono spunti preziosi. Questi casi illustrano le organizzazioni che hanno affrontato con successo il cambiamento delle competenze dovuto all'intelligenza artificiale, fornendo lezioni apprese e best practice che possono essere applicate a livello generale.

Un esempio significativo è quello di un'azienda tecnologica globale che ha intrapreso un programma completo di formazione sull'IA per i propri dipendenti. Riconoscendo il passaggio ai processi guidati dall'IA, l'azienda ha lanciato un'iniziativa per migliorare la propria forza lavoro, offrendo un mix di sessioni di formazione interna, corsi online e opportunità di apprendimento collaborativo. Questo approccio non solo ha migliorato le competenze tecniche dei dipendenti in materia di IA, ma ha anche promosso una cultura di apprendimento continuo all'interno dell'organizzazione.

Un altro caso riguarda un'azienda di servizi finanziari che ha integrato l'IA nelle sue operazioni per migliorare l'analisi dei dati e il servizio clienti. Per adattarsi a questo cambiamento, l'azienda ha implementato un programma di formazione strutturato incentrato sull'alfabetizzazione dei dati e sulle applicazioni dell'IA in ambito finanziario. Il programma è stato concepito in modo inclusivo, per soddisfare i dipendenti con diversi livelli di competenza tecnica. L'azienda ha inoltre incoraggiato un ambiente di apprendimento collaborativo in cui i dipendenti potessero condividere le intuizioni e le applicazioni dell'IA nel loro lavoro, portando a una forza lavoro più coesa e competente in materia di IA.

Un'organizzazione sanitaria fornisce un altro esempio convincente. Con l'introduzione dell'intelligenza artificiale per l'analisi dei dati dei pazienti e le procedure diagnostiche, l'organizzazione ha dovuto affrontare la sfida di allineare il proprio personale a queste nuove tecnologie. L'azienda ha risposto collaborando con istituti di formazione per sviluppare programmi di formazione su misura per gli operatori sanitari. Questi programmi combinavano la conoscenza teorica dell'IA con le applicazioni pratiche in ambito sanitario, assicurando che il personale potesse integrare efficacemente l'IA nella propria pratica.

Da questi esempi di casi emergono diversi insegnamenti e buone pratiche:

1. Programmi di formazione su misura: Le iniziative di trasformazione delle competenze di successo sono spesso quelle che si adattano alle esigenze specifiche dell'organizzazione e dei suoi dipendenti.

2. Inclusività e accessibilità: Garantire che i programmi di formazione e aggiornamento siano accessibili ai dipendenti a tutti i livelli di competenza tecnica incoraggia l'adozione e l'integrazione diffusa dell'IA.

3. Ambienti di apprendimento collaborativo: Promuovere una cultura in cui i dipendenti possano condividere le conoscenze e le intuizioni sulle applicazioni di IA migliora l'apprendimento e incoraggia l'innovazione.

4. Impegno della leadership: Il sostegno attivo e il coinvolgimento della leadership sono fondamentali per il successo delle iniziative di trasformazione delle competenze.

5. Partenariati con istituti di formazione: La collaborazione con università o enti di formazione può apportare competenze e risorse preziose ai programmi di formazione di un'organizzazione.

Questi esempi dimostrano che, con strategie ponderate e impegno, le organizzazioni possono affrontare efficacemente il cambiamento di competenze determinato dall'IA. Imparando da questi esempi, altre organizzazioni possono sviluppare i propri approcci alla trasformazione delle competenze, assicurando che la loro forza lavoro sia equipaggiata per prosperare in un ambiente di lavoro integrato nell'IA.

Questo capitolo ha evidenziato il cambiamento significativo delle competenze professionali reso necessario dall'ascesa dell'intelligenza artificiale. Abbiamo osservato come i ruoli professionali tradizionali si stiano evolvendo, con l'IA che automatizza i compiti di routine e crea nuove opportunità per la creatività umana e il pensiero strategico. L'emergere di ruoli lavorativi completamente nuovi, specificamente adattati all'integrazione dell'IA, segna un cambiamento significativo nel panorama professionale.

Abbiamo analizzato la crescente richiesta di un doppio set di competenze, in cui la competenza tecnica nell'IA e l'alfabetizzazione dei dati sono importanti quanto le capacità di adattamento, come la risoluzione dei problemi e il pensiero critico. Il capitolo ha anche esplorato strategie innovative per l'aggiornamento e la riqualificazione dei dipendenti, sottolineando la necessità di un apprendimento continuo in un ambiente di lavoro guidato dall'IA. Attraverso esempi reali, abbiamo raccolto lezioni preziose e best practice che le organizzazioni hanno implementato per affrontare con successo questo cambiamento di competenze.

Nel passaggio al prossimo capitolo, l'attenzione si sposterà dalla trasformazione dei ruoli e delle competenze professionali alle considerazioni etiche che circondano l'integrazione dell'IA sul posto di lavoro. Il prossimo capitolo affronterà le questioni cruciali dell'uso etico dell'IA, tra cui le sfide della privacy dei dati, i potenziali pregiudizi negli algoritmi di IA e l'equilibrio tra progresso tecnologico e responsabilità etica. Analizzeremo come le organizzazioni possano sviluppare quadri e strategie etiche per garantire che l'IA sia utilizzata in modo non solo efficiente e innovativo, ma anche responsabile e in linea con i valori della società. Il prossimo capitolo mira a fornire una comprensione completa delle dimensioni etiche dell'IA sul posto di lavoro, un argomento che sta diventando sempre più importante man mano che l'IA diventa sempre più radicata nella nostra vita professionale e personale.

Capitolo 3: Considerazioni etiche nell'IA

Ora ci dedichiamo all'esplorazione del complesso e sempre più critico ambito delle considerazioni etiche nell'intelligenza artificiale. Il capitolo si apre con un'ampia panoramica del panorama etico che è emerso di pari passo con i rapidi progressi della tecnologia dell'IA. L'intersezione dell'IA con vari aspetti della vita professionale e personale ha portato alla ribalta una serie di dilemmi e considerazioni etiche che richiedono la nostra attenzione e un'attenta analisi.

Le sfide etiche dell'IA sono tanto diverse quanto le applicazioni della tecnologia stessa. Riguardano questioni di privacy, pregiudizi, responsabilità, trasparenza e il più ampio impatto dell'IA sulla società e sul benessere umano. Man mano che i sistemi di IA diventano sempre più capaci e vengono incaricati di decisioni e compiti più significativi, le implicazioni etiche del loro sviluppo e della loro applicazione diventano più pronunciate e complesse.

Riconoscere l'importanza dell'etica nell'IA è fondamentale, non solo per lo sviluppo sostenibile e responsabile della tecnologia, ma anche per mantenere la fiducia del pubblico e la licenza sociale di operare. Lo sviluppo e l'applicazione etici dell'IA implicano la garanzia che i sistemi di IA non perpetuino inavvertitamente pregiudizi, non invadano la privacy e non prendano decisioni non responsabili con conseguenze di vasta portata. Inoltre, è necessario considerare le implicazioni sociali più ampie, come il potenziale impatto sull'occupazione, l'equità e le dinamiche sociali.

Questo capitolo si propone di esplorare in profondità queste considerazioni etiche, esaminando le sfide che pongono e le strategie sviluppate per affrontarle. Stabilendo una chiara comprensione del panorama etico dell'IA, poniamo le basi per una discussione che è sempre più rilevante e necessaria in un mondo in cui l'IA sta diventando parte integrante del tessuto del nostro lavoro e della nostra vita.

L'AI bias si riferisce alla tendenza dei sistemi di IA a produrre risultati sistematicamente prevenuti a causa di presupposti errati nel processo di apprendimento automatico. Questa distorsione può manifestarsi in varie forme, tra cui distorsione dei dati, distorsione algoritmica e distorsione sociale. I pregiudizi sui dati si verificano quando i set di dati utilizzati per addestrare gli algoritmi di IA non sono rappresentativi della popolazione o della realtà in generale, il che porta a risultati distorti. I pregiudizi algoritmici derivano dal modo in cui gli algoritmi sono progettati e dai pregiudizi intrinseci che possono contenere. I pregiudizi sociali riflettono i pregiudizi e gli stereotipi esistenti nella società che possono essere inavvertitamente codificati nei sistemi di IA.

L'introduzione di pregiudizi negli algoritmi di IA deriva spesso dai dati utilizzati per addestrare questi sistemi. Poiché gli algoritmi di IA imparano a prendere decisioni in base ai dati che vengono loro forniti, qualsiasi pregiudizio intrinseco nei dati si rifletterà probabilmente nel comportamento dell'IA. Ad esempio, se un sistema di IA viene addestrato su dati storici di assunzione che contengono pregiudizi di genere, potrebbe replicare tali pregiudizi nello screening dei candidati.

Le implicazioni dei pregiudizi dell'intelligenza artificiale sono di vasta portata e possono avere un impatto significativo in settori quali l'occupazione, la finanza e la giustizia penale. In ambito lavorativo, i pregiudizi dell'IA possono portare a processi di selezione del lavoro non equi, in cui i candidati vengono valutati in base a criteri distorti. Nel settore finanziario, i sistemi di intelligenza artificiale utilizzati per la valutazione del credito o per l'approvazione dei prestiti possono presentare pregiudizi nei confronti di alcuni gruppi demografici. Nella giustizia penale, gli strumenti di IA utilizzati per la polizia predittiva o per la valutazione del rischio di condanna possono perpetuare pregiudizi razziali, incidendo sull'equità dei processi legali.

Un caso di studio degno di nota che illustra l'impatto reale dei pregiudizi dell'intelligenza artificiale riguarda uno strumento di reclutamento utilizzato da un'azienda tecnologica. Si è scoperto che lo strumento era prevenuto nei confronti delle candidate donne, in quanto era stato addestrato su curriculum presentati nell'arco di un decennio, la maggior parte dei quali proveniva da uomini. Questo ha fatto sì che il sistema di intelligenza artificiale favorisse i candidati uomini rispetto a candidati donne altrettanto o più qualificati. L'azienda ha dovuto abbandonare lo strumento e rivalutare il proprio approccio all'intelligenza artificiale nei processi di assunzione.

Questo caso di studio, insieme ad altri, sottolinea la necessità cruciale di vigilanza, monitoraggio continuo e misure correttive per mitigare i pregiudizi dell'IA. Affrontare i pregiudizi dell'IA richiede un approccio multiforme, che comprende la diversificazione dei dati di addestramento, la progettazione di algoritmi che tengano conto dell'equità e l'implementazione di meccanismi di supervisione per monitorare e correggere i risultati distorti. Poiché l'IA continua a permeare vari aspetti della nostra vita, l'imperativo etico di affrontare i pregiudizi dell'IA diventa sempre più importante, garantendo che i sistemi di IA siano giusti, equi e corretti.

La sfida dei pregiudizi dell'IA non è insormontabile. Esistono strategie e approcci efficaci che possono essere impiegati per identificare e ridurre i pregiudizi nei sistemi di IA. Questa sezione del capitolo esplora tali strategie, sottolineando l'importanza della diversità dei dati, della trasparenza degli algoritmi e della raccolta ed elaborazione etica dei dati.

Strategie per l'identificazione e la riduzione dei pregiudizi nei sistemi di IA

Il primo passo per affrontare i pregiudizi dell'IA è la loro identificazione. Ciò comporta un'analisi approfondita dei sistemi di IA per individuare eventuali risultati distorti o modelli discriminatori. Un approccio efficace consiste nel condurre verifiche periodiche degli algoritmi di IA e dei risultati che producono, alla ricerca di discrepanze che possano indicare pregiudizi. Un'altra strategia consiste nell'implementare protocolli di "bias testing" come parte del processo di sviluppo dell'IA, in cui i sistemi di IA sono intenzionalmente esposti a vari scenari per verificare la presenza di risposte distorte.

Una volta identificati i pregiudizi, è possibile adottare misure per mitigarli. Un metodo consiste nell'affinare o riqualificare gli algoritmi di IA con insiemi di dati più diversificati e rappresentativi. Ciò contribuisce a ridurre le distorsioni dei dati, garantendo che l'apprendimento del sistema di IA si basi su una gamma ampia e completa di dati. In alcuni casi, potrebbe essere necessario riprogettare l'algoritmo stesso, soprattutto se il pregiudizio è profondamente radicato nel modo in cui l'algoritmo elabora i dati.

Ruolo della diversità dei dati e della trasparenza algoritmica

La diversità dei dati svolge un ruolo cruciale nella lotta ai pregiudizi dell'IA. Insiemi di dati diversificati che riflettono accuratamente la diversità del mondo reale possono aiutare ad addestrare sistemi di IA che siano equi e imparziali. Ciò implica non solo l'inclusione di dati provenienti da diverse fasce demografiche, ma anche la garanzia che siano rappresentati diversi punti di vista e scenari.

La trasparenza algoritmica è un altro fattore chiave. Rendere gli algoritmi di IA trasparenti e comprensibili aiuta a identificare le potenziali fonti di distorsione. Si tratta di documentare chiaramente come vengono progettati gli algoritmi, come prendono le decisioni e la natura dei dati su cui vengono addestrati. Questa trasparenza è fondamentale sia per gli sviluppatori che per gli utenti finali, in quanto consente di esaminare e comprendere meglio i processi decisionali dell'IA.

Considerazioni etiche nella raccolta e nell'elaborazione dei dati

La raccolta e l'elaborazione etica dei dati sono fondamentali per garantire l'equità dell'IA. Ciò significa ottenere i dati con mezzi equi e legali, rispettare i diritti alla privacy e garantire il consenso, ove necessario. Inoltre, è necessario essere consapevoli del fatto che i dati possono riflettere i pregiudizi sociali esistenti e adottare misure per tenerne conto e contrastarli.

L'elaborazione etica dei dati comprende anche la vigilanza sulle modalità di utilizzo dei dati per l'addestramento dell'IA. Ciò significa non solo utilizzare dati rappresentativi e diversificati, ma anche essere consapevoli del contesto in cui i dati vengono raccolti e utilizzati, assicurandosi che non perpetuino stereotipi o disuguaglianze dannose.

Affrontare e mitigare i pregiudizi dell'IA è un'impresa dalle molteplici sfaccettature che richiede un'attenta cura delle modalità di sviluppo, addestramento e impiego dei sistemi di IA. Impiegando strategie quali verifiche regolari, test di pregiudizio, diversità dei dati, trasparenza degli algoritmi e pratiche etiche sui dati, è possibile ridurre l'impatto dei pregiudizi nei sistemi di IA. Queste strategie saranno fondamentali per garantire che le tecnologie dell'IA siano utilizzate in modo equo, giusto e corretto.

Nel panorama in evoluzione dell'intelligenza artificiale, l'interazione tra il processo decisionale dell'IA e l'intuizione umana presenta una dinamica affascinante. Questa sezione del capitolo approfondisce le complessità dell'integrazione dell'IA nei processi decisionali, l'equilibrio tra benefici e sfide che questa integrazione comporta e il ruolo cruciale della supervisione umana negli ambienti guidati dall'IA.

La dinamica tra il processo decisionale dell'intelligenza artificiale e l'intuizione umana

La collaborazione tra IA ed esseri umani nei processi decisionali è caratterizzata da una miscela di efficienza computazionale e intuizione umana. I sistemi di intelligenza artificiale eccellono nella gestione di grandi insiemi di dati, nell'identificazione di modelli e nella formulazione di previsioni basate su probabilità statistiche. Tuttavia, spesso mancano della comprensione delle sfumature e dell'intelligenza emotiva insite nell'intuizione umana.

I decisori umani, invece, sono in grado di interpretare il contesto, comprendere le sottigliezze e applicare ragionamenti etici e morali che i sistemi di IA non possono fare. Questa sinergia tra l'abilità analitica dell'IA e l'intuizione umana può portare a un processo decisionale più informato, equilibrato e completo.

Vantaggi e sfide dell'integrazione dell'IA nel processo decisionale

L'integrazione dell'IA nei processi decisionali offre numerosi vantaggi. Può migliorare l'efficienza, ridurre la probabilità di errore umano e fornire approfondimenti basati sui dati che potrebbero essere difficili da individuare per l'uomo. In settori come quello sanitario, l'IA può aiutare a diagnosticare le malattie analizzando con precisione le immagini mediche. Nel mondo degli affari, le analisi guidate dall'IA possono informare le decisioni strategiche fornendo una visione completa delle tendenze del mercato.

Questa integrazione non è priva di sfide. L'eccessivo affidamento all'IA può portare all'autocompiacimento, con la sottovalutazione del ruolo umano nel processo decisionale. C'è anche il rischio di opacità algoritmica, quando i responsabili delle decisioni non comprendono appieno come l'IA sia giunta alle sue conclusioni, rendendo difficile valutare l'affidabilità delle sue raccomandazioni. Inoltre, i sistemi di IA possono talvolta commettere errori o operare con pregiudizi, come discusso nelle sezioni precedenti.

Il ruolo della supervisione umana negli ambienti guidati dall'IA

La supervisione umana negli ambienti guidati dall'IA è fondamentale per garantire che i sistemi di IA funzionino come previsto e che vengano mantenuti gli standard etici. Si tratta di monitorare le decisioni dell'IA, comprendere le motivazioni alla base di tali decisioni e intervenire quando necessario. Questa supervisione assicura che i sistemi di IA rimangano allineati con gli obiettivi organizzativi e le norme etiche.

Incorporare la supervisione umana significa anche istituire controlli ed equilibri in cui le raccomandazioni dell'IA siano valutate criticamente e non accettate alla cieca. Ciò potrebbe comportare un approccio multidisciplinare, in cui esperti di diversi settori collaborano per interpretare i risultati dell'IA e applicarli in modo appropriato.

La collaborazione tra IA e processo decisionale umano è un equilibrio delicato che deve essere gestito con attenzione. Se da un lato l'IA può migliorare in modo significativo i processi decisionali, dall'altro la supervisione e l'intuizione umana sono indispensabili per garantire che questi processi rimangano efficaci, etici e in linea con i valori umani più ampi. La comprensione e la gestione di questa collaborazione saranno fondamentali per sfruttare appieno il potenziale dell'IA in vari settori.

Nel momento in cui esploriamo gli aspetti etici dell'IA sul posto di lavoro, lo sviluppo e l'adesione a quadri etici solidi diventano fondamentali. Questa sezione del capitolo discute la creazione di linee guida per l'uso etico dell'IA, esamina i quadri e gli standard esistenti ed esplora il ruolo degli organismi di governance e di regolamentazione nel dare forma a questa etica.

Sviluppo di linee guida per l'uso etico dell'IA sul posto di lavoro
La creazione di linee guida per l'uso etico dell'IA implica la definizione di principi chiari che regolano le modalità di sviluppo, distribuzione e utilizzo dell'IA sul posto di lavoro. Queste linee guida comprendono in genere questioni come l'equità, la trasparenza, la responsabilità e la privacy. Servono come base per garantire che l'IA sia utilizzata in modo non solo efficiente ed efficace, ma anche etico e responsabile.

Ad esempio, l'equità nell'IA implica la garanzia che i sistemi di IA non perpetuino o amplifichino i pregiudizi. La trasparenza riguarda il modo in cui vengono prese le decisioni dell'IA e la capacità di spiegarle in termini comprensibili. La responsabilità riguarda chi è responsabile delle decisioni dell'IA, in particolare nei casi in cui queste decisioni hanno conseguenze significative.

Le considerazioni sulla privacy includono le modalità di raccolta, archiviazione ed elaborazione dei dati utilizzati dall'IA.

Discussione dei quadri etici e degli standard esistenti per l'IA

Esistono diversi quadri e standard etici per l'IA a cui le organizzazioni possono fare riferimento per sviluppare le proprie linee guida. Tra questi, le Linee guida etiche per un'IA affidabile della Commissione europea, che delinea sette requisiti chiave per un'IA affidabile, tra cui la supervisione umana e la solidità tecnica. Analogamente, l'Iniziativa globale dell'IEEE sull'etica dei sistemi autonomi e intelligenti offre standard e raccomandazioni complete per una progettazione dell'IA eticamente allineata.

Questi quadri forniscono spunti preziosi e fungono da punto di riferimento per le organizzazioni che vogliono affrontare le dimensioni etiche dell'uso dell'IA. Evidenziano le preoccupazioni comuni e le migliori pratiche, offrendo un punto di partenza per la creazione di linee guida etiche personalizzate.

Il ruolo degli organi di governo e di regolamentazione nella definizione dell'etica dell'IA

Gli organi di governo e di regolamentazione svolgono un ruolo cruciale nel delineare il panorama etico dell'IA. Questi organismi definiscono i quadri giuridici e normativi all'interno dei quali l'IA opera, garantendo l'esistenza di standard e meccanismi di responsabilità. Il loro ruolo non si limita a imporre la conformità, ma guida lo sviluppo dell'IA in una direzione che sia in linea con i valori e le norme della società.

Gli enti normativi possono anche guidare la conversazione sull'etica dell'IA riunendo le parti interessate di vari settori per discutere e affrontare le sfide etiche. Questa collaborazione può portare allo sviluppo di linee guida più complete e pratiche, adattabili alla natura mutevole delle tecnologie dell'IA.

Lo sviluppo di quadri etici per l'uso dell'IA è un passo fondamentale per garantire che i benefici dell'IA siano massimizzati riducendo al minimo i potenziali danni. Attingendo ai quadri e agli standard esistenti e impegnandosi con gli organismi di governance e di regolamentazione, le organizzazioni possono creare una solida base per un uso etico dell'IA. Mentre continuiamo a esplorare i molteplici aspetti dell'IA sul posto di lavoro, queste considerazioni etiche rimarranno un tema centrale, che guiderà l'integrazione e l'utilizzo dell'IA nei contesti professionali.

Promuovere una cultura etica dell'IA all'interno delle organizzazioni è un'impresa dalle molteplici sfaccettature che va oltre la definizione di linee guida e politiche. Si tratta di radicare la consapevolezza e le pratiche etiche nel tessuto stesso della cultura organizzativa. Una strategia efficace per raggiungere questo obiettivo è rappresentata da programmi di formazione e sensibilizzazione dei dipendenti incentrati sull'etica dell'IA. Questi programmi dovrebbero mirare a educare i dipendenti sull'importanza delle considerazioni etiche nell'IA, tra cui l'equità, la trasparenza, la privacy e la responsabilità. Possono essere strutturati come workshop, seminari o corsi di e-learning che coprono scenari reali e dilemmi etici che potrebbero sorgere nell'uso dell'IA.

Oltre ai programmi di formazione formale, è fondamentale creare un ambiente che incoraggi il dialogo aperto sull'etica dell'IA. Questo può essere facilitato da incontri regolari, forum o discussioni in cui i dipendenti possono condividere le loro esperienze, preoccupazioni e intuizioni sulle applicazioni dell'IA. Queste piattaforme non solo migliorano la comprensione, ma promuovono anche una cultura di responsabilità collettiva e un comportamento etico proattivo nell'utilizzo dell'IA.

La leadership svolge un ruolo fondamentale nel coltivare una cultura etica dell'IA. I leader devono dare l'esempio, dimostrando un impegno verso pratiche etiche di IA nel loro processo decisionale e nelle loro operazioni. Possono anche sostenere iniziative che promuovano l'uso etico dell'IA e garantire che le considerazioni etiche siano una parte fondamentale dei progetti e delle strategie legati all'IA.

Promuovere una cultura etica dell'IA richiede un approccio proattivo e completo che prevede la formazione dei dipendenti, l'incoraggiamento di discussioni aperte e la definizione del tono a livello di leadership. Questa cultura è fondamentale per garantire che l'IA sia utilizzata in modo responsabile e vantaggioso all'interno delle organizzazioni.

Mentre guardiamo al futuro dell'intelligenza artificiale, è imperativo prepararsi alle sfide etiche che ci attendono nel panorama dell'IA in continua evoluzione. Anticipare questi dilemmi futuri richiede un approccio proattivo, che riconosca il rapido ritmo di sviluppo delle tecnologie AI e delle loro applicazioni. Le sfide etiche che potrebbero sorgere in futuro potrebbero derivare dai progressi delle capacità dell'IA, come una maggiore autonomia nei processi decisionali o l'integrazione dell'IA in aspetti più personali della vita umana.

L'importanza di una continua valutazione e adattamento etico nelle pratiche di IA non può essere sopravvalutata. Man mano che i sistemi di IA diventano più complessi e radicati in vari settori, anche le considerazioni etiche che li circondano diventeranno più intricate. È fondamentale che le organizzazioni non si limitino a stabilire linee guida etiche iniziali, ma si impegnino anche a valutare e aggiornare costantemente questi standard. Questo approccio dinamico garantisce che le pratiche etiche tengano il passo con i progressi tecnologici e le norme sociali in evoluzione.

Questa continua vigilanza etica comporta la revisione e l'aggiornamento periodico delle politiche sull'IA, l'informazione sugli ultimi sviluppi della tecnologia e dell'etica dell'IA e il mantenimento di un dialogo aperto con gli stakeholder sulle questioni etiche. Inoltre, comprende il monitoraggio attivo dei sistemi di IA per individuare eventuali pregiudizi o conseguenze indesiderate ed essere pronti a modificare questi sistemi se necessario.

Le organizzazioni dovrebbero promuovere una cultura di consapevolezza etica, in cui i dipendenti siano incoraggiati a riflettere criticamente sulle implicazioni del loro lavoro con l'IA e si sentano autorizzati a sollevare questioni etiche. Questa cultura può essere sostenuta attraverso l'istruzione e la formazione continua, oltre che da una leadership che dia priorità alle considerazioni etiche in tutte le iniziative legate all'IA.

Prepararsi alle future sfide etiche dell'IA è un processo dinamico e continuo. Richiede che le organizzazioni rimangano agili e reattive, assicurando che il loro uso dell'IA non sia solo tecnologicamente avanzato, ma anche eticamente corretto e allineato con i valori sociali più ampi. Questo atteggiamento proattivo è fondamentale per navigare nel complesso terreno etico del futuro panorama dell'IA.

Per concludere la discussione sull'etica dell'IA, abbiamo attraversato un paesaggio ricco di sfide e considerazioni complesse. Questo capitolo ha illuminato la natura sfaccettata delle questioni etiche nell'IA, dai pregiudizi intrinseci negli algoritmi all'interazione dinamica tra il processo decisionale dell'IA e l'intuizione umana. Abbiamo esplorato le strategie per affrontare e mitigare i pregiudizi dell'IA, l'importanza di promuovere una cultura etica dell'IA all'interno delle organizzazioni e la necessità di prepararsi alle sfide etiche future.

Le considerazioni etiche sull'IA non sono solo questioni teoriche, ma sono profondamente intrecciate con la pratica di come l'IA viene sviluppata, implementata e gestita nel mondo reale. Poiché l'IA continua a permeare vari aspetti della nostra vita professionale e personale, l'importanza della vigilanza etica non può essere sopravvalutata. È una responsabilità che si estende oltre i tecnologi e gli scienziati dei dati per includere tutti gli stakeholder dell'ecosistema dell'IA.

Successivamente, sposteremo la nostra attenzione dagli aspetti teorici ed etici alle applicazioni e alle implicazioni del mondo reale. Il prossimo capitolo analizza casi di studio sull'integrazione dell'IA in diversi settori. Queste storie forniranno esempi tangibili di come l'IA viene applicata, delle sfide incontrate e delle soluzioni innovative sviluppate. Grazie a questi casi di studio, potremo approfondire gli aspetti pratici dell'integrazione dell'IA, imparando dai successi e dagli insuccessi sperimentati dalle organizzazioni in prima linea nell'adozione dell'IA. Questa esplorazione mira a fornire una visione completa dell'IA in azione, offrendo lezioni preziose e best practice che possono guidare le organizzazioni nel loro viaggio nell'IA.

Capitolo 4: Casi di studio sull'integrazione dell'IA

Siete pronti ad affrontare il lato pratico dell'integrazione dell'IA, esplorando la sua diffusa adozione in vari settori? Questo capitolo si propone di dare vita ai concetti e alle considerazioni etiche discusse in precedenza attraverso applicazioni ed esperienze reali. Il panorama dell'integrazione dell'IA è vasto e variegato e tocca in qualche modo quasi tutti i settori, dalla sanità alla finanza, dalla produzione alla vendita al dettaglio.

Abbiamo preparato il terreno per un'immersione profonda in una vasta gamma di applicazioni AI specifiche per il settore. Ciascun settore presenta sfide e opportunità uniche per l'integrazione dell'IA, che determinano gli strumenti e le tecnologie utilizzate. Nel settore sanitario, ad esempio, l'IA sta rivoluzionando l'assistenza ai pazienti e la ricerca medica, mentre in quello finanziario sta rimodellando il modo in cui affrontiamo qualsiasi cosa, dalle strategie di investimento al rilevamento delle frodi. Nel settore manifatturiero l'IA sta ottimizzando i processi di produzione e nel mondo della vendita al dettaglio l'IA sta trasformando l'esperienza del cliente.

Queste applicazioni dell'IA specifiche per il settore non stanno solo trasformando i processi operativi, ma stanno anche rimodellando la forza lavoro e sollevando nuove considerazioni etiche. L'esplorazione di questi casi di studio ci permette di capire come le organizzazioni affrontano le complessità dell'implementazione dell'IA, dalle fasi iniziali dell'integrazione alla gestione di sfide come la formazione della forza lavoro e i dilemmi etici.

I casi di studio di questo capitolo sono stati accuratamente selezionati per fornire una comprensione completa delle realtà pratiche dell'integrazione dell'IA. Offrono uno sguardo ai successi ottenuti e alle lezioni apprese, fornendo una guida preziosa per le organizzazioni che intraprendono il proprio viaggio nell'IA. Esaminando questi esempi reali, il capitolo mira a colmare il divario tra teoria e pratica, offrendo ai lettori un quadro vivido del potenziale dell'IA e del suo impatto sul futuro del lavoro.

Approfondendo il mondo dell'integrazione dell'IA in vari settori, diventa evidente che le applicazioni dell'intelligenza artificiale sono tanto diverse quanto i settori stessi. Ogni industria sfrutta le capacità dell'IA in modi unici, affrontando sfide specifiche e migliorando le proprie operazioni.

Nel settore sanitario, l'impatto dell'IA è trasformativo. Le applicazioni spaziano dalla diagnostica avanzata, in cui gli algoritmi di IA aiutano a interpretare le immagini mediche, alla pianificazione del trattamento, in cui l'IA aiuta a elaborare regimi terapeutici personalizzati. L'IA sta inoltre rivoluzionando la gestione dell'assistenza ai pazienti, offrendo strumenti per il monitoraggio della loro salute e la previsione di eventi medici prima che si verifichino.

Il settore finanziario sta sfruttando l'IA per rendere più sicura e personalizzata l'esperienza dei clienti. L'IA svolge un ruolo cruciale nella valutazione del rischio, analizzando grandi quantità di dati per identificare i potenziali rischi negli investimenti. Il rilevamento delle frodi è stato notevolmente migliorato grazie all'IA, in grado di identificare le attività sospette con maggiore precisione. Inoltre, l'IA viene utilizzata per personalizzare i servizi bancari, adattando la consulenza e le offerte finanziarie alle esigenze dei singoli clienti.

Nel settore della vendita al dettaglio, l'intelligenza artificiale sta modificando il modo in cui le aziende comprendono e interagiscono con i clienti. Attraverso l'analisi del comportamento dei clienti, i rivenditori utilizzano l'intelligenza artificiale per ottenere informazioni sui modelli di acquisto, migliorando le loro strategie di marketing. I sistemi di gestione dell'inventario guidati dall'IA ottimizzano i livelli di scorte e la logistica della catena di approvvigionamento. Sono sempre più diffuse le esperienze d'acquisto personalizzate, alimentate dall'IA, che offrono ai clienti consigli basati sulle loro preferenze e sulla loro storia d'acquisto.

L'industria manifatturiera ha registrato notevoli guadagni di efficienza grazie all'adozione dell'IA. La manutenzione predittiva, abilitata dall'IA, consente una manutenzione tempestiva dei macchinari, riducendo i tempi di fermo. I sistemi di intelligenza artificiale vengono utilizzati nei processi di controllo della qualità, identificando difetti e irregolarità con grande precisione. Inoltre, l'IA svolge un ruolo chiave nell'ottimizzazione della catena di approvvigionamento, prevedendo la domanda e razionalizzando i programmi di produzione.

Nelle industrie creative, l'influenza dell'IA sta ridisegnando la creazione di contenuti e il design. Gli algoritmi di intelligenza artificiale vengono utilizzati per generare nuovi contenuti, dalla scrittura di articoli alla composizione di musica. Nel campo del design, l'IA aiuta a creare elementi visivi, offrendo nuove possibilità nei media digitali e nella pubblicità.

Queste diverse applicazioni nei vari settori dimostrano la versatilità e il potenziale di trasformazione dell'IA. Esplorando questi esempi, la profondità dell'integrazione dell'IA e le sue implicazioni per ogni settore diventano sempre più chiare. Questi casi di studio non solo evidenziano gli usi innovativi dell'IA, ma fanno anche luce sull'impatto più ampio della sua integrazione sui flussi di lavoro specifici del settore e sull'economia globale.

Nel settore sanitario, il potenziale dell'IA per migliorare l'assistenza ai pazienti è stato sempre più riconosciuto e realizzato. Una storia di successo degna di nota è quella di un'organizzazione sanitaria che ha implementato l'IA per rivoluzionare il proprio sistema di assistenza ai pazienti.

Questa organizzazione ha dovuto affrontare sfide comuni al settore sanitario: una quantità schiacciante di dati sui pazienti e la necessità di diagnosi e piani di trattamento rapidi e accurati. Per affrontare queste sfide, l'organizzazione ha integrato l'intelligenza artificiale nelle sue operazioni, concentrandosi su due aree chiave: la diagnostica e la gestione delle cure dei pazienti.

Nel campo della diagnostica, l'organizzazione ha utilizzato algoritmi di intelligenza artificiale per analizzare le immagini mediche. Questi sistemi di intelligenza artificiale sono stati addestrati su vasti set di immagini, consentendo loro di assistere i medici nell'identificazione di malattie come il cancro in fasi molto più precoci di quanto fosse possibile in precedenza. La capacità dell'intelligenza artificiale di riconoscere modelli non rilevabili dall'occhio umano ha migliorato in modo significativo l'accuratezza e l'efficienza diagnostica.

Nella gestione dell'assistenza ai pazienti, l'organizzazione ha utilizzato l'intelligenza artificiale per monitorare i dati dei pazienti in tempo reale. I sistemi di intelligenza artificiale hanno analizzato i dati provenienti da varie fonti, tra cui le cartelle cliniche e i dispositivi di monitoraggio in tempo reale, per prevedere potenziali rischi per la salute. Questo approccio proattivo ha permesso agli operatori sanitari di intervenire prima, spesso prevenendo le emergenze mediche.

L'implementazione dell'IA ha portato a notevoli miglioramenti nei risultati dei pazienti. L'accuratezza e la velocità della diagnostica sono aumentate e l'efficienza della gestione dell'assistenza ai pazienti è migliorata, portando a tassi di soddisfazione più elevati. Inoltre, i sistemi di IA hanno fornito preziose informazioni che hanno aiutato l'organizzazione a semplificare le operazioni e a ridurre i costi.

Questo caso di studio dimostra il profondo impatto che l'IA può avere nel settore sanitario quando viene adottata con successo. Sfruttando le capacità dell'IA, l'organizzazione non solo ha migliorato l'assistenza ai pazienti, ma ha anche stabilito un punto di riferimento per l'innovazione nei servizi sanitari.

L'integrazione dell'IA nel settore finanziario ha portato a significativi miglioramenti nel servizio clienti e nella sicurezza, come illustrato nel caso di un'importante istituzione finanziaria.

Questo istituto si è trovato di fronte alla duplice sfida di soddisfare le aspettative di un servizio clienti sempre più elevato, garantendo al contempo una solida sicurezza contro le frodi e i crimini finanziari.

Per affrontare queste sfide, l'istituto ha implementato l'IA in diverse aree chiave. In primo luogo, ha introdotto chatbot e assistenti virtuali alimentati dall'intelligenza artificiale nei suoi canali di assistenza clienti. Questi strumenti di intelligenza artificiale erano in grado di gestire un'ampia gamma di richieste dei clienti, dalle domande sul saldo del conto all'assistenza alle transazioni. Utilizzando l'elaborazione del linguaggio naturale e l'apprendimento automatico, i chatbot hanno fornito risposte tempestive e personalizzate, migliorando notevolmente l'esperienza del cliente. Inoltre, hanno ridotto il carico di lavoro dei rappresentanti umani del servizio clienti, consentendo loro di concentrarsi su problemi più complessi.

In termini di sicurezza, l'istituto ha impiegato l'intelligenza artificiale per il rilevamento avanzato delle frodi e la valutazione del rischio. Il sistema di intelligenza artificiale è stato progettato per analizzare gli schemi delle transazioni e segnalare qualsiasi attività insolita o sospetta, un compito che sarebbe stato gravoso e meno efficace se svolto manualmente. Apprendendo dai dati storici delle transazioni, il modello di intelligenza artificiale è diventato sempre più abile nell'identificare potenziali frodi, riducendo così in modo significativo l'incidenza dei reati finanziari.

L'IA è stata utilizzata per servizi bancari personalizzati. Gli algoritmi di intelligenza artificiale hanno analizzato i dati dei singoli clienti per offrire consigli finanziari e raccomandazioni di prodotti personalizzati. Questa personalizzazione non solo ha migliorato la soddisfazione dei clienti, ma ha anche aumentato l'efficienza degli sforzi di marketing dell'istituto.

Il successo dell'implementazione dell'IA nel servizio clienti e nella sicurezza ha portato diversi vantaggi chiave. Il coinvolgimento e la soddisfazione dei clienti hanno registrato un netto miglioramento grazie alle risposte rapide e personalizzate fornite dai chatbot AI. L'efficienza e l'accuratezza nel rilevamento delle frodi hanno migliorato le misure di sicurezza dell'istituto, infondendo maggiore fiducia nei clienti. Inoltre, l'efficienza operativa ottenuta grazie all'integrazione dell'intelligenza artificiale ha consentito di risparmiare sui costi e di migliorare i profitti.

Questo caso di studio esemplifica il potenziale di trasformazione dell'IA nel settore finanziario, mostrando come l'applicazione ponderata dell'IA possa contemporaneamente migliorare l'esperienza del cliente e rafforzare le misure di sicurezza.

Un gigante della vendita al dettaglio fornisce un interessante caso di studio su come l'IA possa essere sfruttata per la gestione dell'inventario e delle relazioni con i clienti, rivoluzionando l'approccio del settore della vendita al dettaglio alle operazioni commerciali e al coinvolgimento dei consumatori.

Di fronte alla sfida di gestire un inventario vasto e dinamico in numerose sedi e di prevedere con precisione le tendenze dei consumatori, il gigante della vendita al dettaglio si è rivolto all'intelligenza artificiale per trovare una soluzione. Ha implementato un sistema di gestione delle scorte guidato dall'intelligenza artificiale che utilizza l'analisi predittiva per prevedere la domanda, ottimizzare i livelli delle scorte e gestire la logistica della catena di approvvigionamento. Il sistema di intelligenza artificiale ha analizzato i dati di vendita, le tendenze stagionali e il comportamento dei consumatori per prevedere quali prodotti sarebbero stati richiesti nei vari periodi dell'anno. Questa capacità predittiva ha permesso all'azienda di ottimizzare i livelli delle scorte, riducendo al minimo le situazioni di overstock e understock, con un notevole risparmio sui costi e una riduzione degli sprechi.

Nella gestione delle relazioni con i clienti, il gigante della vendita al dettaglio ha impiegato l'intelligenza artificiale per personalizzare l'esperienza di acquisto dei suoi clienti. Ha utilizzato algoritmi di intelligenza artificiale per analizzare la cronologia degli acquisti, il comportamento di navigazione e le preferenze dei clienti. Sulla base di questi dati, il sistema di intelligenza artificiale ha fornito ai clienti consigli personalizzati sui prodotti sia in negozio che online. La personalizzazione non si limitava alle raccomandazioni sui prodotti, ma si estendeva anche alle campagne di marketing e alle offerte promozionali, adattate alle preferenze individuali di ciascun cliente.

L'azienda ha implementato chatbot dotati di intelligenza artificiale sul proprio sito web e sull'app mobile, fornendo ai clienti assistenza 24 ore su 24, 7 giorni su 7. Questi chatbot erano in grado di gestire una serie di domande, dalle richieste di informazioni sui prodotti al monitoraggio degli ordini, migliorando l'esperienza complessiva del cliente.

L'integrazione dell'intelligenza artificiale nella gestione dell'inventario e delle relazioni con i clienti ha avuto un impatto trasformativo sulle operazioni del gigante della vendita al dettaglio. L'efficienza della gestione dell'inventario è migliorata in modo significativo, con conseguenti risparmi sui costi e una migliore capacità di soddisfare la domanda dei consumatori. L'esperienza di acquisto personalizzata ha portato a una maggiore soddisfazione dei clienti, a un aumento delle vendite e a una maggiore fidelizzazione. Inoltre, gli approfondimenti basati sull'intelligenza artificiale hanno aiutato l'azienda a definire strategie e a prendere decisioni basate sui dati per rimanere all'avanguardia nel competitivo mercato della vendita al dettaglio.

Questo caso di studio esemplifica la potenza dell'IA nell'ottimizzazione delle operazioni aziendali e nell'elevazione dell'esperienza del cliente nel settore della vendita al dettaglio. Sfruttando l'IA per la gestione dell'inventario e delle relazioni con i clienti, il gigante della vendita al dettaglio non solo ha semplificato le sue operazioni, ma ha anche stabilito un legame più forte con i suoi clienti.

L'integrazione dell'IA nelle operazioni organizzative, pur essendo una trasformazione, spesso comporta una serie di sfide. Questi ostacoli possono andare da questioni tecniche e infrastrutturali a problemi etici e di risorse umane. Comprendere e affrontare queste sfide è fondamentale per il successo dell'adozione dell'IA.

Una sfida comune alle organizzazioni è la complessità tecnica che comporta lo sviluppo o l'implementazione di sistemi di IA. Ciò comporta la necessità di investimenti significativi in tecnologia e infrastrutture, nonché la sfida di integrare l'IA con i sistemi e i processi esistenti. Inoltre, spesso c'è un gap di competenze: molte organizzazioni non hanno le competenze interne necessarie per sviluppare, gestire e interpretare efficacemente le tecnologie di IA.

Anche le sfide legate ai dati sono prevalenti. Si tratta di acquisire dati pertinenti e di alta qualità per addestrare i modelli di IA, garantire la privacy dei dati e gestire in modo sicuro grandi volumi di dati. Inoltre, le distorsioni nei dati possono portare a risultati di IA distorti, sollevando preoccupazioni sull'equità e l'accuratezza.

Dal punto di vista delle risorse umane, la resistenza al cambiamento da parte dei dipendenti può rappresentare un ostacolo. Possono esserci timori sulla sicurezza del posto di lavoro o scetticismo sull'efficacia dei sistemi di IA. Inoltre, c'è la sfida di aggiornare la forza lavoro per lavorare efficacemente con le tecnologie di IA. Le organizzazioni hanno adottato diverse strategie per superare queste sfide. Per affrontare la complessità tecnica e la carenza di competenze, molte aziende stanno collaborando con fornitori di tecnologie di IA o investendo nella formazione e nello sviluppo dei dipendenti. Anche le collaborazioni con università e istituti di ricerca sono comuni per ottenere l'accesso a competenze e risorse all'avanguardia nel campo dell'IA.

Per quanto riguarda le sfide legate ai dati, le organizzazioni si stanno concentrando sullo sviluppo di solide politiche di governance dei dati. Ciò implica non solo garantire la qualità e la privacy dei dati, ma anche lavorare attivamente per identificare ed eliminare i pregiudizi nei set di dati. Vengono inoltre condotti audit e revisioni regolari dei sistemi di IA per garantire l'equità e l'accuratezza.

Per affrontare la resistenza al cambiamento, le organizzazioni stanno adottando un approccio proattivo alla gestione del cambiamento. Ciò include una comunicazione chiara sui vantaggi dell'IA, il coinvolgimento dei dipendenti nel processo di integrazione dell'IA e la rassicurazione sulla sicurezza del lavoro e sulle opportunità di aggiornamento.

L'esplorazione dell'integrazione dell'IA in vari settori, attraverso diversi casi di studio, ha prodotto lezioni e intuizioni preziose. Questi insegnamenti sono fondamentali non solo per comprendere il potenziale dell'IA, ma anche per affrontare le sfide che comporta la sua implementazione. La sintesi di questi insegnamenti chiave offre una serie di best practice e raccomandazioni che aiutano le organizzazioni nel loro percorso verso un'integrazione dell'IA di successo.

Dal settore sanitario a quello della vendita al dettaglio e della finanza, una delle lezioni chiave è l'importanza di allineare le iniziative di IA con gli obiettivi e le esigenze specifiche dell'organizzazione. Il successo dell'integrazione dell'IA inizia con una chiara comprensione degli obiettivi che l'organizzazione si prefigge di raggiungere, che si tratti di una migliore esperienza del cliente, di una maggiore efficienza operativa o di un'innovazione nell'offerta di prodotti e servizi.

La qualità e la gestione dei dati emergono come fattori critici. I casi di studio sottolineano la necessità di dati di alta qualità, diversificati e rappresentativi per addestrare i modelli di IA. Ciò garantisce che i sistemi di IA siano accurati, equi ed efficaci. Le organizzazioni devono investire in solide strutture di governance dei dati per affrontare i problemi di privacy, sicurezza e pregiudizi.

L'aspetto umano dell'integrazione dell'IA, in particolare la gestione del cambiamento, è un'altra lezione fondamentale. È fondamentale affrontare i timori dei dipendenti e coinvolgerli nel processo di adozione dell'IA. Ciò può essere ottenuto attraverso una comunicazione trasparente, offrendo rassicurazioni sulla sicurezza del lavoro e fornendo opportunità di formazione e aggiornamento. Un altro aspetto significativo è la necessità di mantenere standard etici nell'impiego dell'IA. Ciò implica lo sviluppo di linee guida etiche, la garanzia di trasparenza nelle operazioni di IA e il monitoraggio continuo di eventuali pregiudizi e carenze etiche. L'uso etico dell'IA non solo crea fiducia tra le parti interessate, ma garantisce anche la sostenibilità a lungo termine delle iniziative di IA.

Anche le competenze tecniche e le partnership sono fondamentali. Molti casi di successo hanno coinvolto collaborazioni con partner tecnologici, istituzioni accademiche o fornitori specializzati in IA. Queste partnership possono fornire le competenze tecniche e le risorse necessarie che potrebbero mancare all'interno dell'azienda. La scalabilità e la flessibilità delle soluzioni di IA sono importanti. I sistemi di IA devono essere scalabili per crescere insieme all'organizzazione e sufficientemente flessibili per adattarsi alle mutevoli dinamiche di mercato e alle esigenze aziendali. Le best practice per un'integrazione di successo dell'IA includono l'allineamento dell'IA con gli obiettivi aziendali, la garanzia di una solida governance dei dati, la gestione degli aspetti umani dell'adozione dell'IA, il mantenimento di standard etici, lo sfruttamento di partnership per le competenze tecniche e l'attenzione alla scalabilità e alla flessibilità. Queste raccomandazioni forniscono una tabella di marcia per le organizzazioni di tutti i settori per sfruttare efficacemente i vantaggi dell'IA e al tempo stesso affrontarne le sfide.

Guardando al futuro, le potenziali applicazioni dell'IA sembrano illimitate e il suo ruolo nel guidare la crescita e l'innovazione nei vari settori è inequivocabile. La strada da percorrere per l'integrazione dell'IA è segnata da un paesaggio in continua evoluzione, dove l'adattamento e l'innovazione non sono solo vantaggiosi, ma essenziali per il successo.

Le potenziali applicazioni future dell'IA sono vaste e varie. Nel settore sanitario, l'IA potrebbe rivoluzionare ulteriormente la medicina personalizzata, consentendo trattamenti su misura per la composizione genetica dei singoli pazienti. Nel campo delle scienze ambientali, l'IA potrebbe svolgere un ruolo fondamentale nella modellazione del clima e nello sviluppo di soluzioni per una vita sostenibile. Il settore finanziario potrebbe vedere algoritmi ancora più sofisticati guidati dall'IA per l'analisi predittiva del mercato e la pianificazione finanziaria personalizzata.

In settori come la produzione e la logistica, l'IA potrebbe portare a catene di approvvigionamento completamente autonome e a processi di produzione intelligenti, migliorando l'efficienza e riducendo i costi operativi. Il commercio al dettaglio e l'e-commerce vedranno probabilmente ulteriori progressi nell'esperienza dei clienti guidata dall'IA, con acquisti iper-personalizzati e analisi predittive che daranno forma alle tendenze dei consumatori.

L'importanza dell'innovazione continua nell'integrazione dell'IA non può essere sopravvalutata. Con l'evoluzione della tecnologia, devono evolversi anche le strategie per la sua integrazione. Ciò significa tenersi aggiornati sugli ultimi sviluppi dell'IA, sperimentare nuove applicazioni ed essere aperti a ridefinire i processi aziendali alla luce dei progressi dell'IA. Inoltre, è necessario investire in ricerca e sviluppo e promuovere una cultura dell'innovazione all'interno delle organizzazioni.

L'adattamento è altrettanto cruciale. Con l'evoluzione delle tecnologie e delle applicazioni di IA, aumentano anche le sfide ad esse associate, tra cui considerazioni etiche, privacy dei dati e impatto sulla forza lavoro. Le organizzazioni devono essere agili nell'adattare le loro politiche, strategie e operazioni per affrontare queste sfide. Ciò include la revisione e l'aggiornamento regolari dei sistemi di IA, la rivalutazione delle linee guida etiche e la garanzia che la forza lavoro sia dotata delle competenze necessarie per lavorare con le tecnologie di IA in continua evoluzione.

Il futuro dell'integrazione dell'IA non è un percorso lineare, ma un viaggio dinamico di esplorazione, innovazione e adattamento. Per le organizzazioni disposte ad abbracciare questo viaggio, l'IA presenta opportunità ineguagliabili di crescita, efficienza e competitività. La capacità di innovare e di adattarsi sarà un fattore determinante per sfruttare appieno il potenziale dell'IA per la crescita futura. Abbiamo attraversato uno spettro di settori, ognuno dei quali mostra l'impatto trasformativo dell'IA in contesti reali. Questi casi di studio non solo forniscono esempi concreti delle capacità dell'IA, ma portano anche alla luce le complessità e le sfumature dell'integrazione di una tecnologia così avanzata in vari settori.

Dalla sanità alla finanza, dal commercio al dettaglio al settore manifatturiero, ogni caso di studio ha offerto spunti unici sulle applicazioni pratiche dell'IA. Abbiamo visto come l'IA possa migliorare l'efficienza, guidare l'innovazione e personalizzare l'esperienza dei clienti. Allo stesso tempo, questi esempi hanno messo in evidenza sfide come la gestione della privacy dei dati, la gestione dei pregiudizi dell'IA e l'utilizzo etico dell'IA.

Collegando queste intuizioni alla più ampia narrazione dell'impatto dell'IA sulla cultura del lavoro e sui modelli di lavoro ibridi, risulta chiaro che l'IA non è solo uno strumento di efficienza operativa. La sua influenza si estende alla riorganizzazione dei ruoli lavorativi, alla necessità di nuove competenze e alla ridefinizione delle dinamiche del luogo di lavoro. Nei modelli di lavoro ibridi, il ruolo dell'IA nel facilitare la comunicazione, automatizzare i processi e fornire approfondimenti basati sui dati è fondamentale per colmare il divario tra ambienti di lavoro fisici e virtuali.

Le lezioni apprese da questi casi di studio sottolineano l'importanza dell'integrazione strategica dell'IA, considerando non solo gli aspetti tecnologici ma anche le dimensioni umane ed etiche. Sottolineano la necessità di un apprendimento continuo, di un'adattabilità e di una vigilanza etica man mano che l'IA diventa più radicata nella nostra vita professionale.

I casi di studio presentati in questo capitolo hanno fornito un microcosmo del più ampio impatto dell'IA sul posto di lavoro. Servono sia come guida che come ammonimento per le organizzazioni che intraprendono il loro viaggio nell'IA, evidenziando i potenziali vantaggi e le sfide da affrontare. Mentre avanziamo nell'era dell'integrazione dell'IA, le intuizioni acquisite da questi esempi reali saranno preziose per plasmare un futuro in cui l'IA migliora la cultura del lavoro, ottimizza i modelli di lavoro ibridi e guida una crescita sostenibile.

Parte 2: Navigazione nei modelli di posto di lavoro ibridi

Nella seconda parte, spostiamo l'attenzione sul panorama in evoluzione dei modelli ibridi di posto di lavoro. Poiché il mondo del lavoro abbraccia la flessibilità e l'integrazione tecnologica, la comprensione e la navigazione in questo nuovo terreno diventano essenziali sia per le organizzazioni che per i dipendenti. Questa sezione del libro analizza l'ascesa del lavoro ibrido, il suo contesto storico, la tecnologia che lo guida e le strategie per una gestione efficace in questi ambienti.

Iniziamo ad esplorare l'ascesa del lavoro ibrido, tracciandone le origini e la recente impennata nella sua adozione. Questa esplorazione non è solo un resoconto storico, ma un viaggio attraverso l'evoluzione delle esigenze e delle aspettative della forza lavoro moderna e le risposte organizzative a questi cambiamenti. Discutiamo i vari vantaggi dei modelli ibridi, come la maggiore flessibilità e il potenziale di miglioramento dell'equilibrio tra lavoro e vita privata, ma affrontiamo anche le sfide, tra cui i problemi di connettività, coesione del team e mantenimento della cultura aziendale.

La tecnologia e l'infrastruttura sono la spina dorsale di luoghi di lavoro ibridi efficaci. In questo contesto, esaminiamo le tecnologie essenziali che rendono la collaborazione a distanza non solo possibile ma anche produttiva. Analizziamo le modalità di creazione e manutenzione degli spazi di lavoro virtuali e l'importanza della sicurezza informatica in un modello ibrido, in cui i dati e le informazioni scorrono su più reti e dispositivi.

La gestione di team remoti in contesti ibridi richiede uno stile di leadership adattivo. Approfondiamo come la leadership in ambienti remoti sia diversa dalla gestione tradizionale in ufficio, concentrandoci sulle strategie di coinvolgimento per mantenere i dipendenti remoti motivati e sulla gestione delle prestazioni per garantire produttività e responsabilità.

Infine, diamo vita a questi concetti con casi di studio di organizzazioni che hanno implementato con successo modelli di postazioni di lavoro ibride. Questi esempi reali offrono una visione unica del modo in cui le diverse organizzazioni affrontano la transizione, delle innovazioni che apportano alla pratica e delle preziose lezioni che hanno imparato lungo il percorso.

La seconda parte è una guida completa per orientarsi nel complesso ma gratificante mondo dei modelli di lavoro ibridi. Fornisce gli strumenti, le strategie e le intuizioni necessarie alle aziende e agli individui per adattarsi, prosperare e mantenere la resilienza in un ambiente di lavoro sempre più flessibile e digitalizzato.

Capitolo 5: L'ascesa del lavoro ibrido

Nel capitolo 5 de "Il futuro del lavoro oggi", ci occupiamo dell'evoluzione del concetto di modello di lavoro ibrido. Questa sezione introduttiva fornisce una breve panoramica di ciò che costituisce un modello di lavoro ibrido, gettando le basi per comprendere la sua crescente importanza e rilevanza nella cultura del lavoro odierna.

I modelli di lavoro ibridi rappresentano una miscela di lavoro tradizionale in ufficio e lavoro a distanza. In questi modelli, i dipendenti hanno la flessibilità di dividere il proprio tempo tra il lavoro in ufficio e il lavoro a distanza, che sia da casa, da uno spazio di co-working o da un altro luogo. Questo approccio al lavoro rappresenta un cambiamento significativo rispetto alla tradizionale configurazione dell'ufficio da 9 a 5, offrendo una modalità di lavoro più flessibile e adattabile.

L'ascesa dei modelli di lavoro ibridi può essere attribuita a diversi fattori, tra cui i progressi tecnologici, l'evoluzione delle aspettative dei dipendenti e il cambiamento globale delle pratiche lavorative innescato da eventi come la pandemia COVID-19. Questi modelli si sono diffusi perché offrono un equilibrio tra la struttura e le opportunità di collaborazione del lavoro in ufficio e la flessibilità e l'autonomia del lavoro a distanza. Questi modelli non sono uguali per tutti, ma variano in modo significativo da un'organizzazione all'altra. Alcune possono optare per un approccio strutturato, con giorni prestabiliti per il lavoro in ufficio e a distanza, mentre altre possono offrire maggiore flessibilità, consentendo ai dipendenti di scegliere il luogo di lavoro in base alle proprie esigenze e preferenze.

Esploreremo le sfumature dei modelli di lavoro ibridi, esaminando come stanno rimodellando l'ambiente di lavoro, i vantaggi e le sfide che presentano e le loro implicazioni per il futuro del lavoro. L'ascesa dei modelli di lavoro ibridi segna un'evoluzione significativa nella cultura del lavoro, riflettendo le dinamiche mutevoli del luogo di lavoro moderno e il continuo spostamento verso pratiche di lavoro più dinamiche e flessibili.

Il concetto di lavoro ibrido, pur avendo acquisito di recente un rilievo senza precedenti, affonda le sue radici nelle prime pratiche di lavoro flessibile. Questo contesto storico è essenziale per capire come i modelli di lavoro si siano evoluti dai tradizionali ambienti d'ufficio agli accordi dinamici che vediamo oggi.

Le origini del lavoro flessibile risalgono agli anni '70 e '80, quando le aziende hanno iniziato a sperimentare modalità di lavoro alternative come l'orario flessibile e la condivisione del lavoro. Questi primi concetti erano guidati dal desiderio di aumentare la soddisfazione e la produttività dei dipendenti, conciliando lavoro e vita privata. L'avvento dell'era digitale alla fine del XX secolo ha ulteriormente alimentato la possibilità di lavorare al di fuori del tradizionale ambiente d'ufficio.

La pietra miliare tecnologica che ha reso il lavoro ibrido un'opzione praticabile è stata la proliferazione di Internet e della tecnologia mobile. Tra la fine degli anni Novanta e l'inizio degli anni Duemila si è assistito a un rapido progresso degli strumenti di comunicazione digitale, del cloud computing e dei dispositivi mobili, che hanno permesso ai lavoratori di svolgere le proprie mansioni da qualsiasi luogo dotato di connessione a Internet. Questa rivoluzione tecnologica ha gettato le basi per rendere il lavoro a distanza un'opzione fattibile ed efficiente.

Anche i cambiamenti sociali hanno giocato un ruolo fondamentale nell'evoluzione dei modelli di lavoro. La crescente attenzione per l'equilibrio vita-lavoro, in particolare tra i millennial e la generazione Z, è stata una forza trainante nello spostamento verso modalità di lavoro più flessibili. Inoltre, anche le considerazioni ambientali, come la riduzione del pendolarismo e della relativa impronta di carbonio, hanno influenzato questo cambiamento.

Il concetto di lavoro ibrido ha acquisito un notevole slancio con l'avvento della pandemia di COVID-19. La crisi sanitaria globale ha costretto le aziende di tutto il mondo ad adottare modalità di lavoro a distanza quasi da un giorno all'altro. La crisi sanitaria globale ha costretto le aziende di tutto il mondo ad adottare modalità di lavoro a distanza quasi da un giorno all'altro. Questo esperimento di massa non pianificato di lavoro a distanza ha dimostrato la fattibilità di modelli di lavoro flessibili su larga scala e ha portato a rivalutare la necessità del lavoro tradizionale incentrato sull'ufficio.

L'evoluzione dei modelli di lavoro ibridi è il risultato di una confluenza di progressi tecnologici, cambiamenti sociali ed eventi globali. Questi fattori hanno collettivamente aperto la strada all'adozione di modalità di lavoro più flessibili e dinamiche, mettendo in discussione le norme tradizionali su come e dove viene svolto il lavoro. Come analizzeremo ulteriormente in questo capitolo, il contesto storico del lavoro ibrido fornisce una lente attraverso la quale guardare al suo stato attuale e al suo potenziale futuro.

Il recente aumento dell'adozione di modelli di lavoro ibridi rappresenta un cambiamento significativo nel panorama lavorativo globale. Diversi fattori hanno contribuito a questo aumento, ridisegnando fondamentalmente il modo in cui le organizzazioni e i dipendenti vedono il concetto di lavoro.

Uno dei principali catalizzatori della rapida transizione verso modelli di lavoro ibridi è stato l'impatto degli eventi globali, in particolare la pandemia COVID-19. La pandemia ha costretto le aziende e i dipendenti ad adattarsi rapidamente al lavoro da remoto, in quanto i governi hanno imposto blocchi e misure di allontanamento sociale. La pandemia ha costretto le aziende e i dipendenti ad adattarsi rapidamente al lavoro a distanza, mentre i governi imponevano chiusure e misure di allontanamento sociale. Questo cambiamento non pianificato ha dimostrato la fattibilità del lavoro a distanza su larga scala, mettendo in discussione le convinzioni di lunga data sulla produttività e la collaborazione negli uffici tradizionali. Di conseguenza, molte organizzazioni e molti dipendenti hanno iniziato a vedere i potenziali vantaggi degli accordi di lavoro flessibile, portando a un crescente interesse per i modelli ibridi come soluzione più permanente.

Un altro fattore che contribuisce all'aumento del lavoro ibrido è il progresso delle tecnologie digitali. La disponibilità di solidi strumenti di comunicazione, di cloud computing e di software collaborativi ha reso più facile che mai per i dipendenti lavorare efficacemente da postazioni remote. Queste tecnologie hanno permesso di comunicare e collaborare senza soluzione di continuità, indipendentemente dalla posizione fisica, rendendo i modelli di lavoro ibrido più pratici e attraenti.

I dati emersi da recenti indagini e studi confermano la crescente adozione di modelli di lavoro ibridi a livello globale. Molti di questi studi indicano la preferenza dei dipendenti per modelli di lavoro che offrono flessibilità in termini di luogo e orari. Per esempio, le indagini hanno dimostrato che una percentuale significativa della forza lavoro preferisce un mix di lavoro a distanza e in ufficio, citando vantaggi quali un migliore equilibrio tra vita privata e lavoro, tempi di spostamento ridotti e maggiore produttività.

Le organizzazioni riconoscono anche i vantaggi dei modelli di lavoro ibridi. Questi vantaggi includono l'accesso a un pool di talenti più ampio, la riduzione dei costi generali associati al mantenimento di grandi uffici e la capacità di adattarsi rapidamente a circostanze mutevoli, come le crisi sanitarie. Inoltre, i modelli ibridi possono contribuire alla soddisfazione e alla fidelizzazione dei dipendenti, offrendo la flessibilità che i lavoratori moderni sempre più cercano.

Il recente aumento dei modelli di lavoro ibridi è il risultato di una combinazione di eventi globali, progressi tecnologici e cambiamenti di atteggiamento nei confronti del lavoro. Mentre le aziende e i dipendenti navigano nel mondo post-pandemia, i modelli di lavoro ibridi stanno diventando parte integrante della nuova normalità, offrendo un approccio equilibrato che soddisfa le esigenze sia dei datori di lavoro che dei dipendenti. Questo capitolo si propone di approfondire queste tendenze, fornendo una visione completa dello stato attuale e delle prospettive future dei modelli di lavoro ibridi.

I modelli di lavoro ibridi, che combinano lavoro a distanza e in ufficio, offrono una serie di vantaggi sia per i dipendenti che per i datori di lavoro. Questi vantaggi stanno ridisegnando le nozioni tradizionali di lavoro, portando ad ambienti di lavoro più flessibili, efficienti e soddisfacenti.

Per i dipendenti, uno dei vantaggi più significativi degli accordi di lavoro ibridi è il miglioramento dell'equilibrio tra lavoro e vita privata. La flessibilità del lavoro a distanza riduce la necessità di spostarsi quotidianamente, liberando tempo che può essere dedicato a scopi personali o alla famiglia. Questa flessibilità consente inoltre ai dipendenti di lavorare nelle ore più produttive, adattandosi agli stili di lavoro e alle preferenze individuali. Inoltre, l'autonomia che deriva dal lavoro ibrido può portare a una maggiore soddisfazione lavorativa, in quanto i dipendenti si sentono più padroni del loro ambiente di lavoro e dei loro orari.

La riduzione dei tempi di spostamento è un altro grande vantaggio per i dipendenti. Il pendolarismo può essere dispendioso in termini di tempo e stress, con ripercussioni sul benessere generale e sulla produttività dei dipendenti. Il modello ibrido, consentendo il lavoro da remoto, può ridurre in modo significativo o addirittura eliminare il tragitto quotidiano per molti dipendenti, riducendo lo stress e migliorando la qualità della vita.

Per i datori di lavoro, i modelli di lavoro ibridi offrono una serie di vantaggi. Uno dei più importanti è la riduzione dei costi generali. Se i dipendenti trascorrono parte del loro tempo lavorando da remoto, non c'è bisogno di grandi uffici, il che può comportare un notevole risparmio su affitto, utenze e altre spese legate all'ufficio. Inoltre, adottando modelli ibridi, i datori di lavoro possono accedere a un bacino di talenti più ampio. I limiti geografici diventano una barriera minore, consentendo alle aziende di assumere i migliori talenti da qualsiasi parte del mondo.

Molte organizzazioni segnalano un potenziale aumento della produttività con l'adozione di modelli di lavoro ibridi. La flessibilità e l'autonomia offerte da questi modelli possono portare a dipendenti più impegnati e motivati, il che spesso si traduce in una maggiore produttività. La possibilità di lavorare da remoto può anche ridurre le distrazioni sul posto di lavoro, consentendo una maggiore concentrazione ed efficienza nelle attività.

I vantaggi dei modelli di lavoro ibridi sono molteplici e offrono benefici significativi sia ai dipendenti che ai datori di lavoro. Per i dipendenti, questi includono un migliore equilibrio tra lavoro e vita privata, tempi di spostamento ridotti e maggiore autonomia. Per i datori di lavoro, i benefici comprendono la riduzione dei costi generali, l'accesso a un pool di talenti più ampio e un potenziale aumento della produttività. Mentre le organizzazioni continuano a navigare nel mondo post-pandemia, l'adozione e il perfezionamento di modelli di lavoro ibridi giocheranno probabilmente un ruolo chiave nel plasmare il futuro del lavoro.

I modelli di lavoro ibridi, pur offrendo numerosi vantaggi, presentano anche sfide e ostacoli unici che le organizzazioni devono superare. Identificare e affrontare queste sfide è fondamentale per il successo dell'implementazione e della sostenibilità degli accordi di lavoro ibridi.

Una delle sfide principali è il mantenimento della cultura aziendale. In un ambiente di lavoro ibrido, in cui i dipendenti non sono sempre fisicamente presenti in ufficio, può essere difficile promuovere un senso di unità e di condivisione degli obiettivi. La mancanza di interazioni faccia a faccia può avere un impatto sul legame tra i team e sulla cultura organizzativa in generale. Per ovviare a questo problema, le aziende stanno trovando modi creativi per mantenere i loro team in contatto, come ad esempio attività virtuali di team building, riunioni periodiche di tutti i dipendenti e lo sfruttamento della tecnologia per facilitare le interazioni informali tra i dipendenti.

Una comunicazione efficace è un'altra sfida importante nei modelli di lavoro ibridi. Assicurarsi che tutti i membri del team, sia che lavorino da remoto che in ufficio, siano sulla stessa pagina può essere una sfida. Le comunicazioni errate e le lacune informative possono verificarsi con maggiore frequenza. Le organizzazioni stanno affrontando questo problema adottando strumenti e piattaforme di comunicazione completi che facilitano la collaborazione in tempo reale e la condivisione delle informazioni. Check-in regolari, protocolli di comunicazione chiari e l'uso di software collaborativi aiutano a mantenere tutti informati e connessi.

La gestione del coinvolgimento della forza lavoro remota è un altro ostacolo. I dipendenti remoti potrebbero sentirsi isolati o scollegati dagli obiettivi e dalle attività organizzative più ampie. Questo può portare a una diminuzione dell'impegno e della produttività. Le soluzioni a questo problema includono l'offerta ai dipendenti remoti di opportunità di crescita professionale, il riconoscimento dei loro contributi e la garanzia di accesso alle risorse e al supporto di cui hanno bisogno. Anche indagini periodiche sul feedback e sul coinvolgimento possono aiutare a comprendere le esigenze e le sfide dei dipendenti remoti.

Un'altra sfida è quella di garantire la correttezza e l'equità tra dipendenti remoti e in ufficio. C'è il rischio che si crei un sistema a due livelli, in cui i dipendenti in ufficio hanno maggiore visibilità e accesso alle opportunità rispetto alle loro controparti remote. Per attenuare questo problema, le organizzazioni si sforzano di creare politiche e pratiche che garantiscano parità di trattamento, accesso e opportunità a tutti i dipendenti, indipendentemente dalla loro sede di lavoro.

Sebbene la transizione verso modelli di lavoro ibridi comporti sfide quali il mantenimento della cultura aziendale, una comunicazione efficace e la gestione del coinvolgimento della forza lavoro remota, esistono strategie e soluzioni per affrontare questi problemi. Concentrandosi su connettività, comunicazione, impegno ed equità, le organizzazioni possono superare con successo queste sfide e sfruttare tutto il potenziale dei modelli di lavoro ibridi.

Bilanciare i vantaggi e le sfide dei modelli di lavoro ibridi è fondamentale per le organizzazioni che cercano di ottimizzare i benefici e di mitigare gli svantaggi. Ciò richiede un approccio strategico che riconosca e affronti le complessità degli ambienti di lavoro ibridi.

Una strategia chiave consiste nello sviluppare una politica chiara e completa sul lavoro ibrido. Questa politica dovrebbe delineare le aspettative, fornire linee guida sulle modalità di lavoro e affrontare questioni come i protocolli di comunicazione, la valutazione delle prestazioni e l'equilibrio tra lavoro e vita privata. La definizione di politiche chiare aiuta a definire gli standard e a garantire che tutti i dipendenti, sia che lavorino da remoto che in ufficio, siano consapevoli delle loro responsabilità e dei loro diritti.

L'uso efficace della tecnologia è un altro fattore critico per bilanciare i vantaggi e le sfide del lavoro ibrido. Le organizzazioni devono investire negli strumenti e nelle piattaforme giuste che facilitino la collaborazione, la comunicazione e la produttività indipendentemente dalla sede fisica. Ciò include strumenti di gestione dei progetti, piattaforme di comunicazione e sistemi sicuri basati sul cloud per l'accesso e l'archiviazione dei dati. Il giusto stack tecnologico può colmare il divario tra dipendenti remoti e in ufficio, favorendo un ambiente di lavoro più coeso ed efficiente.

Creare opportunità per regolari interazioni faccia a faccia, sia di persona che virtuali, è importante per mantenere una forte cultura aziendale e la coesione del team. Riunioni regolari del team, check-in virtuali e incontri occasionali di persona (se possibile) possono contribuire a creare legami e a garantire che tutti i membri del team si sentano inclusi e valorizzati.

Un'altra strategia consiste nel concentrarsi sui risultati piuttosto che sulle ore lavorate. Spostare l'attenzione dalle misure tradizionali della produttività, come il tempo trascorso in ufficio, ai risultati effettivi può essere più efficace in un ambiente di lavoro ibrido. Questo approccio richiede la definizione di obiettivi chiari e di parametri di performance che siano equi e raggiungibili sia per i dipendenti remoti che per quelli in ufficio.

È inoltre essenziale promuovere una cultura della fiducia e della flessibilità. In un modello di lavoro ibrido è fondamentale che i dipendenti siano in grado di gestire efficacemente il proprio lavoro e il proprio tempo. La flessibilità nelle modalità di lavoro può contribuire alla soddisfazione e alla produttività dei dipendenti, purché sia in linea con gli obiettivi organizzativi e le esigenze dei clienti. Il feedback e l'adattamento continui sono fondamentali per bilanciare i pro e i contro del lavoro ibrido. Le organizzazioni devono sollecitare regolarmente il feedback dei dipendenti su ciò che funziona e ciò che non funziona ed essere pronte ad adattare e perfezionare di conseguenza le loro strategie di lavoro ibrido.

Mentre contempliamo il futuro dei modelli di lavoro ibridi, è chiaro che le traiettorie attuali e i progressi tecnologici stanno aprendo la strada a un ambiente di lavoro più flessibile e dinamico. Per prevedere le tendenze future in questo settore è necessario capire come questi elementi continueranno a evolversi e a plasmare il luogo di lavoro.

Una tendenza chiave che probabilmente continuerà è la crescente personalizzazione dei modelli di lavoro ibridi. Man mano che le organizzazioni acquisiscono esperienza con gli accordi ibridi, è probabile che adattino questi modelli alle loro esigenze specifiche, alle richieste del settore e alle preferenze della forza lavoro. Ciò potrebbe significare una maggiore varietà di configurazioni di lavoro ibride, da modelli completamente flessibili in cui i dipendenti scelgono liberamente il luogo di lavoro, ad accordi più strutturati con giorni di lavoro designati in ufficio e in remoto.

I progressi tecnologici continueranno a svolgere un ruolo fondamentale nel futuro del lavoro ibrido. Le tecnologie emergenti, come l'intelligenza artificiale, la realtà aumentata e la realtà virtuale, dovrebbero migliorare ulteriormente la collaborazione a distanza, rendendola più interattiva e coinvolgente. Queste tecnologie potrebbero colmare il divario tra spazi di lavoro fisici e virtuali, offrendo un'esperienza più fluida ai dipendenti, indipendentemente dalla loro posizione.

Il ruolo dell'innovazione continua nel plasmare il futuro degli ambienti di lavoro ibridi non può essere sopravvalutato. Con l'emergere di nuove tecnologie e il miglioramento di quelle esistenti, le organizzazioni avranno a disposizione sempre più strumenti per migliorare la comunicazione, la collaborazione e la produttività negli ambienti di lavoro ibridi. Questa continua innovazione richiederà anche un continuo adattamento e apprendimento sia da parte dei datori di lavoro che dei dipendenti.

Il futuro del lavoro ibrido vedrà probabilmente una maggiore attenzione al benessere dei dipendenti e all'equilibrio tra lavoro e vita privata. Le lezioni apprese durante il rapido passaggio al lavoro a distanza durante la pandemia hanno evidenziato l'importanza di sostenere la salute mentale e fisica dei dipendenti. I futuri modelli ibridi potrebbero incorporare pratiche e politiche più orientate al benessere, riconoscendo che il benessere dei dipendenti è parte integrante della produttività e della soddisfazione lavorativa. Questo modello di lavoro è destinato ad evolversi continuamente, grazie ai progressi tecnologici e all'innovazione continua. Questi modelli diventeranno sempre più personalizzati, con un'enfasi crescente sulla creazione di ambienti di lavoro che siano al tempo stesso produttivi e favorevoli al benessere dei dipendenti. Per le organizzazioni che si affacciano su questo futuro, l'adattabilità e la disponibilità ad abbracciare nuovi modi di lavorare saranno la chiave del successo nel panorama del lavoro ibrido.

Abbiamo scoperto intuizioni chiave che delineano lo stato attuale e il potenziale futuro di questo paradigma lavorativo in evoluzione. Questo capitolo ha evidenziato l'impatto trasformativo che i modelli di lavoro ibridi hanno sia sui dipendenti che sulle organizzazioni, offrendo una comprensione sfumata dei loro vantaggi, delle sfide e delle strategie per bilanciarli efficacemente.

Il passaggio a modelli di lavoro ibridi rappresenta un cambiamento significativo nel modo in cui il lavoro viene percepito e condotto. Abbiamo visto come questi modelli offrano un migliore equilibrio tra vita privata e lavoro, una maggiore autonomia per i dipendenti e un potenziale risparmio economico per i datori di lavoro. Allo stesso tempo, pongono sfide uniche per il mantenimento della cultura aziendale, la garanzia di una comunicazione efficace e la gestione di una forza lavoro dispersa.

Guardando al futuro, il lavoro ibrido sembra destinato a evolversi ulteriormente, grazie alle continue innovazioni tecnologiche e alla crescente attenzione alla personalizzazione e al benessere dei dipendenti. L'adattabilità e la resilienza dimostrate dalle organizzazioni e dai dipendenti nell'abbracciare modelli di lavoro ibridi indicano la disponibilità a continuare questa evoluzione.

Nel passaggio al prossimo capitolo, l'attenzione si sposta sulla tecnologia e sull'infrastruttura necessarie per creare ambienti di lavoro ibridi efficaci. Questo capitolo approfondirà gli strumenti e i sistemi che facilitano la collaborazione, la comunicazione e la produttività a distanza. Analizzerà come i progressi tecnologici stiano consentendo esperienze di lavoro ibrido più fluide ed efficienti e quali siano gli aspetti che le organizzazioni devono considerare per costruire e mantenere l'infrastruttura che supporta una forza lavoro ibrida e flessibile.

Capitolo 6: Tecnologia e infrastruttura per il lavoro ibrido

Il passaggio a modelli di lavoro ibridi è stato notevolmente favorito dai progressi della tecnologia. Nel mondo di oggi, la tecnologia non è solo un facilitatore, ma un fattore critico per i modelli di lavoro remoti e ibridi. Colma il divario tra uffici fisici e ambienti di lavoro remoti, assicurando che i team possano collaborare in modo efficace, indipendentemente dalla loro posizione.

In questo capitolo esploriamo diversi strumenti e piattaforme tecnologiche che sono diventati indispensabili negli ambienti di lavoro ibridi. Si tratta di una serie di soluzioni che vanno dai servizi di cloud computing, che consentono ai dipendenti di accedere ai file e alle applicazioni di lavoro in remoto, agli strumenti di comunicazione e collaborazione come le videoconferenze e i software di gestione dei progetti, che permettono ai team di rimanere connessi e produttivi. La tecnologia giusta può trasformare il lavoro a distanza da una semplice necessità a un'esperienza dinamica e interattiva, parallelamente o addirittura superiore all'efficienza del lavoro d'ufficio tradizionale.

La comprensione dell'infrastruttura tecnologica del lavoro ibrido implica anche il riconoscimento delle sfide e degli ostacoli alla sua implementazione. Ciò significa affrontare questioni come la sicurezza informatica, la privacy dei dati e la garanzia di un accesso equo alla tecnologia per tutti i dipendenti.

Questo capitolo si propone di fornire una visione olistica delle tecnologie alla base dei modelli di lavoro ibridi, esaminando come possono essere utilizzate in modo ottimale per creare un ambiente di lavoro coeso, produttivo e sicuro. Le intuizioni acquisite in questa sede sono fondamentali per le organizzazioni che vogliono affrontare le complessità del lavoro ibrido e sfruttare la tecnologia al massimo delle sue potenzialità in questa nuova era del lavoro.

Nel panorama del lavoro ibrido, alcune tecnologie sono emerse come essenziali per facilitare la collaborazione e la produttività. Questi strumenti e piattaforme sono fondamentali per colmare il divario tra gli ambienti remoti e quelli in ufficio, assicurando che i team possano funzionare senza problemi indipendentemente dalla loro posizione fisica.

Una componente chiave di questo kit tecnologico è costituita dagli strumenti di comunicazione. I software di videoconferenza, come Zoom o Microsoft Teams, sono diventati onnipresenti nel modello di lavoro ibrido, consentendo riunioni faccia a faccia senza la necessità di una presenza fisica. Questi strumenti spesso includono anche funzioni di chat, condivisione di file e condivisione dello schermo, migliorando ulteriormente la loro utilità per il lavoro collaborativo.

Il software di gestione dei progetti è un altro elemento cruciale nell'ambiente di lavoro ibrido. Strumenti come Asana, Trello o Jira aiutano i team a tenere traccia dei progressi, a gestire le attività e a collaborare ai progetti in tempo reale. Forniscono una piattaforma centralizzata dove i membri del team possono vedere gli aggiornamenti, le scadenze e le consegne, il che è particolarmente importante quando i membri del team non sono fisicamente insieme. Le soluzioni basate sul cloud costituiscono la spina dorsale dell'infrastruttura tecnologica del lavoro ibrido. I servizi di archiviazione e calcolo in cloud, come Google Drive, Dropbox o AWS, consentono ai dipendenti di accedere e lavorare su documenti e applicazioni da qualsiasi luogo, favorendo un ambiente di lavoro flessibile e mobile. Il cloud facilita inoltre la sincronizzazione dei dati, garantendo a tutti i membri del team l'accesso alle versioni più recenti di documenti e risorse.

L'integrazione di queste tecnologie nei processi lavorativi quotidiani è fondamentale per garantire una collaborazione efficace in un ambiente di lavoro ibrido. Ciò richiede non solo l'implementazione di questi strumenti, ma anche la formazione dei dipendenti affinché li usino in modo efficace. Inoltre, è necessario stabilire protocolli e best practice per il loro utilizzo, come le linee guida per la comunicazione, l'archiviazione dei dati e la gestione dei progetti.

L'integrazione di questi strumenti deve avvenire con l'obiettivo di creare uno spazio di lavoro digitale coeso. Ciò significa garantire che i vari strumenti siano compatibili tra loro e che sia possibile accedervi facilmente attraverso un'interfaccia unificata. L'obiettivo è creare un ambiente in cui la transizione dal lavoro in ufficio a quello da remoto, e viceversa, sia il più possibile fluida e senza attriti. Le tecnologie essenziali per il lavoro ibrido comprendono strumenti di comunicazione, software di gestione dei progetti e soluzioni basate sul cloud. L'integrazione efficace di queste tecnologie nei processi di lavoro quotidiani è fondamentale per realizzare il pieno potenziale dei modelli di lavoro ibridi. Approfondendo l'analisi di queste tecnologie, vedremo come ottimizzarle per supportare una forza lavoro ibrida produttiva, efficiente e connessa.

Il concetto di spazio di lavoro virtuale è diventato sempre più rilevante nell'era del lavoro ibrido, in cui i confini fisici degli uffici tradizionali si estendono al regno digitale. Uno spazio di lavoro virtuale si riferisce a un ambiente online che replica o migliora gli aspetti di un ufficio fisico, fornendo una piattaforma ai dipendenti per interagire, collaborare e completare i loro compiti indipendentemente dalla loro posizione fisica.

La creazione di spazi di lavoro virtuali efficaci non si limita a fornire gli strumenti e le tecnologie giuste, ma richiede strategie ponderate per garantire che questi ambienti favoriscano la produttività e la collaborazione. La chiave è la creazione di uno spazio digitale organizzato, coinvolgente e accessibile, che favorisca il senso di comunità tra i membri dei team remoti.
Una strategia consiste nel garantire che gli spazi di lavoro virtuali siano ben strutturati e facili da navigare. Ciò può comportare l'organizzazione di file e risorse digitali in modo logico, l'utilizzo

di strumenti di gestione dei progetti per definire chiaramente compiti e responsabilità e la garanzia che i canali di comunicazione siano stabiliti e compresi da tutti i membri del team. Gli spazi di lavoro virtuali dovrebbero anche essere dotati di strumenti di collaborazione che consentano la comunicazione e la collaborazione in tempo reale, come lavagne digitali condivise, piattaforme di collaborazione documentale e sistemi di messaggistica istantanea.

Un altro aspetto importante è il mantenimento di un senso di presenza e di impegno tra i membri del team. Riunioni video regolari, attività di team building virtuale e incontri virtuali informali possono aiutare a mantenere la coesione e il morale del team. Inoltre, garantire che tutti i membri del team abbiano uguale accesso alle informazioni e alle opportunità di contribuire è fondamentale per evitare sentimenti di isolamento o esclusione.

L'uso delle tecnologie di realtà virtuale (VR) e di realtà aumentata (AR) presenta possibilità interessanti per migliorare le esperienze di lavoro a distanza. La VR può creare ambienti virtuali immersivi in cui i dipendenti possono interagire come se si trovassero nello stesso spazio fisico, il che può essere particolarmente utile per attività come sessioni di brainstorming, programmi di formazione o simulazioni di scenari lavorativi. L'AR, invece, può sovrapporre informazioni digitali al mondo fisico, aiutando in attività come la riparazione virtuale di apparecchiature o fornendo sovrapposizioni di dati in tempo reale per attività complesse.

Queste tecnologie avanzate possono rendere la collaborazione a distanza più interattiva e coinvolgente, colmando il divario tra spazi di lavoro fisici e digitali. Tuttavia, la loro implementazione richiede un'attenta considerazione di fattori quali il costo, l'accessibilità e le esigenze specifiche dell'organizzazione e dei suoi dipendenti. Costruire spazi di lavoro virtuali efficaci è un'impresa dalle molte sfaccettature. Comporta la creazione di un ambiente digitale strutturato e coinvolgente, dotato degli strumenti giusti per la collaborazione e la comunicazione e potenzialmente potenziato da tecnologie avanzate come VR e AR. Approfondendo questo argomento, analizziamo come gli spazi di lavoro virtuali possano essere ottimizzati per supportare una forza lavoro remota produttiva, efficiente e coesa.

Il successo dei modelli di lavoro ibridi dipende in larga misura da una connettività Internet affidabile e dall'accessibilità per i lavoratori remoti. Una connettività costante e di alta qualità non è solo una comodità, ma una necessità per garantire la produttività e la collaborazione in un ambiente di lavoro ibrido. Una connettività Internet affidabile è fondamentale perché i lavoratori remoti possano accedere efficacemente agli spazi di lavoro virtuali, utilizzare gli strumenti di collaborazione e comunicare con i membri del team. Una scarsa connettività può causare interruzioni delle comunicazioni, ritardi nelle tempistiche dei progetti e una generale diminuzione della produttività. Può anche causare frustrazione e disimpegno tra i membri del team, incidendo sulle dinamiche generali del team e sulla cultura del lavoro.

Per garantire una connettività coerente e di alta qualità alla propria forza lavoro, le organizzazioni possono adottare diverse best practice:

1. Fornire l'hardware e il software necessari: Le organizzazioni possono dotare la loro forza lavoro remota dell'hardware necessario, come computer portatili, smartphone e forse anche estensori del Wi-Fi o amplificatori di segnale. Possono anche fornire soluzioni software che ottimizzino l'uso della larghezza di banda e garantiscano connessioni sicure.

2. Sostenere l'installazione di un ufficio a casa: Offrire stipendi o rimborsi per l'allestimento dell'home office può incoraggiare i dipendenti a investire in servizi Internet di alta qualità. Le organizzazioni potrebbero anche prendere in considerazione la possibilità di fornire linee guida o raccomandazioni per l'allestimento di uno spazio di lavoro domestico efficiente.

3. VPN e accesso sicuro alla rete: Garantire ai dipendenti l'accesso a una rete privata virtuale (VPN) sicura è fondamentale per proteggere i dati aziendali e mantenere la

privacy. Ciò è particolarmente importante per le organizzazioni che gestiscono informazioni sensibili.

4. Orari di lavoro flessibili: Riconoscendo che la connettività a Internet può variare nel corso della giornata, soprattutto nelle aree condivise o residenziali, l'offerta di orari di lavoro flessibili può consentire ai dipendenti di lavorare quando la connessione a Internet è più stabile.

5. Formazione e assistenza tecnica: La formazione sulle migliori pratiche per mantenere una connessione Internet stabile e l'offerta di un supporto tecnico prontamente disponibile possono aiutare i dipendenti a risolvere rapidamente i problemi di connettività.

6. Controlli regolari della connettività: Incoraggiare controlli o verifiche regolari della connettività può aiutare a identificare e risolvere potenziali problemi prima che abbiano un impatto sul lavoro.

7. Investire nell'infrastruttura tecnologica: Per alcune organizzazioni, investire in una migliore infrastruttura tecnologica, come ad esempio funzionalità cloud avanzate o piattaforme di comunicazione dedicate, può offrire soluzioni di connettività più stabili ed efficienti per la propria forza lavoro.

Concentrandosi su queste best practice, le organizzazioni possono garantire che la loro forza lavoro remota e ibrida rimanga connessa e produttiva. L'affidabilità della connettività e dell'accessibilità a Internet sono fattori chiave per l'efficacia dei modelli di lavoro ibridi e, come tali, richiedono attenzione e investimenti.

In un modello di lavoro ibrido, in cui i dipendenti si dividono tra sedi remote e ufficio, le sfide della cybersecurity diventano più complesse e sfaccettate. La natura dispersiva della forza lavoro aumenta il potenziale di vulnerabilità della sicurezza, rendendo indispensabile per le organizzazioni l'adozione di misure e protocolli di sicurezza solidi.

Una delle principali sfide di cybersecurity negli ambienti di lavoro ibridi è l'aumento del rischio di violazione dei dati e di attacchi informatici. Il lavoro a distanza spesso si basa su reti personali o meno sicure, che possono essere più soggette a violazioni rispetto alle reti protette dell'ufficio. Inoltre, l'uso di dispositivi personali per scopi lavorativi può comportare rischi se questi dispositivi non sono adeguatamente protetti.

Per affrontare queste sfide, le organizzazioni devono implementare misure e protocolli di sicurezza completi. Ciò include l'uso di reti private virtuali (VPN) sicure per proteggere la trasmissione dei dati, l'impiego di firewall e software antivirus e la garanzia di un accesso sicuro ai sistemi aziendali attraverso l'autenticazione a più fattori e politiche di password forti. Un altro aspetto critico della sicurezza informatica in un modello di lavoro ibrido è la protezione dei dati sensibili. Le organizzazioni devono prendere in considerazione la crittografia dei dati sia in transito che a riposo e implementare controlli di accesso rigorosi per garantire che solo il personale autorizzato abbia accesso alle informazioni sensibili. Regolari controlli di sicurezza e valutazioni delle vulnerabilità possono aiutare a identificare e risolvere potenziali lacune nella sicurezza.

Anche la formazione e la sensibilizzazione dei dipendenti sono componenti fondamentali di una solida strategia di cybersecurity. I dipendenti devono essere istruiti sulle minacce informatiche più comuni, come gli attacchi di phishing, e su come riconoscerle e segnalarle. La formazione deve riguardare anche le pratiche sicure di Internet, l'importanza di aggiornare regolarmente il software e le linee guida per l'utilizzo dei dispositivi personali per il lavoro.

Le organizzazioni devono sviluppare e comunicare politiche e protocolli di cybersecurity chiari. Queste politiche devono delineare le responsabilità dei dipendenti nel mantenimento della sicurezza, fornire indicazioni sulle pratiche di lavoro remoto sicuro e stabilire procedure di risposta agli incidenti di sicurezza. È essenziale creare una cultura di consapevolezza della cybersecurity. Una comunicazione regolare sulle minacce alla sicurezza e il richiamo alle best practice possono aiutare a mantenere la cybersecurity in primo piano nella mente dei dipendenti. Coinvolgere i dipendenti nella pianificazione della sicurezza e nel feedback può anche aumentare il loro impegno a seguire i protocolli di sicurezza.

La sicurezza informatica in un modello di lavoro ibrido richiede un approccio completo che combini le soluzioni tecnologiche con la formazione e la consapevolezza dei dipendenti. Implementando solide misure di sicurezza, educando i dipendenti e promuovendo una cultura di attenzione alla sicurezza, le organizzazioni possono proteggere i propri dati e sistemi dai maggiori rischi presentati dagli ambienti di lavoro ibridi.

Nei contesti di lavoro ibridi, alcuni ostacoli tecnologici possono impedire il buon funzionamento e l'efficienza della forza lavoro. Identificare e superare queste sfide è fondamentale per garantire che tutti i membri del team, indipendentemente dalla loro posizione, dispongano degli strumenti e delle risorse necessarie per svolgere efficacemente il proprio lavoro.

Un ostacolo comune è la questione dell'incoerenza delle esperienze tecnologiche tra l'ufficio e gli ambienti remoti. I dipendenti che lavorano in remoto potrebbero non avere accesso allo stesso livello di tecnologia e risorse di quelli che lavorano in ufficio, il che può portare a disparità nell'efficienza del lavoro e nella collaborazione. Per ovviare a questo problema, le organizzazioni possono standardizzare la tecnologia e gli strumenti utilizzati a livello globale. Fornendo ai dipendenti remoti gli stessi hardware e software utilizzati in ufficio, si può garantire un'esperienza di lavoro coerente.

Un'altra sfida è la mancanza di un'adeguata assistenza tecnica per i dipendenti remoti. Quando si verificano problemi tecnici, i lavoratori remoti potrebbero non avere accesso immediato al supporto IT interno. Le soluzioni comprendono la creazione di un solido sistema di assistenza informatica remota, l'offerta di help desk virtuali e la fornitura di linee guida e risorse chiare per la risoluzione dei problemi più comuni. Anche i problemi di connettività sono un ostacolo significativo negli ambienti di lavoro ibridi. È essenziale garantire connessioni Internet stabili e sicure ai lavoratori remoti. Le soluzioni possono comprendere l'erogazione di stipendi per servizi Internet domestici di alta qualità, l'offerta di hotspot mobili o l'implementazione di tecnologie che ottimizzano l'uso della larghezza di banda per il lavoro a distanza.

Alcuni dipendenti potrebbero non avere le competenze o le conoscenze necessarie per utilizzare efficacemente le nuove tecnologie, con conseguente sottoutilizzo e inefficienza. Per ovviare a questo problema, le organizzazioni possono investire in programmi di formazione completi e adeguati alle esigenze della forza lavoro. Questi programmi dovrebbero riguardare non solo le nozioni di base sull'uso della tecnologia, ma anche le best practice per la collaborazione a distanza e la sicurezza. Anche garantire un accesso equo alla tecnologia è fondamentale. Le organizzazioni devono valutare le esigenze specifiche dei loro dipendenti, compresi quelli con disabilità, per fornire sistemazioni e strumenti appropriati che supportino un ambiente di lavoro inclusivo.

La navigazione nell'integrazione di varie tecnologie può risultare opprimente per i dipendenti. Una piattaforma o un'interfaccia unificata che integri vari strumenti e applicazioni può semplificare il panorama tecnologico per gli utenti, rendendo più facile l'accesso e l'utilizzo efficace dei diversi strumenti. Per superare le barriere tecnologiche nei contesti di lavoro ibridi è necessario garantire l'uniformità delle esperienze tecnologiche, fornire un solido supporto IT remoto, risolvere i problemi di connettività, offrire una formazione completa, garantire un accesso equo e semplificare l'integrazione delle varie tecnologie. Implementando queste soluzioni e strategie, le organizzazioni possono creare un ambiente di lavoro ibrido più efficiente, inclusivo e collaborativo.

L'evoluzione dei modelli di lavoro ibridi ha trasformato in modo significativo il ruolo del supporto IT, rendendolo più cruciale e complesso. In un ambiente ibrido, in cui i dipendenti sono dispersi tra uffici e sedi remote, le richieste di assistenza IT sono diverse e spesso richiedono soluzioni innovative. Il cambiamento del ruolo dell'assistenza IT in un modello di lavoro ibrido comprende non solo la risoluzione di problemi tecnici, ma anche la gestione proattiva dell'infrastruttura tecnologica per garantire un funzionamento regolare. I team IT devono essere in grado di gestire una serie di sfide, dai problemi di connettività e risoluzione dei problemi software alla sicurezza informatica e alla gestione dei dati.

Una delle migliori pratiche dei team IT per fornire un'assistenza efficace da remoto è la creazione di un solido sistema di assistenza remota. Questo può includere un helpdesk o un sistema di ticketing accessibile a tutti i dipendenti, indipendentemente dalla loro posizione. Questo sistema deve essere in grado di gestire in modo efficiente le richieste, tracciare i problemi e facilitare una rapida risoluzione.

Un'altra pratica importante è l'implementazione di strumenti di monitoraggio e gestione remoti. Questi strumenti consentono ai team IT di monitorare in remoto la salute e le prestazioni dei dispositivi e dei sistemi, di eseguire attività di manutenzione e di risolvere i problemi prima che diventino gravi. Gli strumenti di gestione remota possono anche aiutare a gestire gli aggiornamenti del software e le patch di sicurezza, garantendo che tutti i dispositivi siano sicuri e aggiornati.

Anche la formazione e l'abilitazione dei dipendenti a gestire autonomamente la risoluzione dei problemi di base possono alleggerire l'onere dell'assistenza IT. Ciò può essere ottenuto attraverso sessioni di formazione regolari, guide dettagliate per gli utenti e risorse self-service. La responsabilizzazione dei dipendenti con competenze informatiche di base può ridurre il volume delle richieste di assistenza e consentire ai team IT di concentrarsi su problemi più complessi.

È inoltre fondamentale garantire solidi canali di comunicazione tra il supporto IT e il resto dell'organizzazione. Aggiornamenti regolari sulle modifiche al sistema, sui programmi di manutenzione e sulle minacce alla sicurezza informatica possono aiutare a mantenere tutti i dipendenti informati e vigili. Inoltre, devono essere predisposti meccanismi di feedback per comprendere le sfide e le esperienze dei dipendenti con la tecnologia, in modo da consentire un miglioramento continuo.

Il supporto IT in un modello di lavoro ibrido richiede anche flessibilità e adattabilità. Con la continua evoluzione degli ambienti di lavoro ibridi, i team IT devono essere pronti ad adattare le loro strategie e i loro strumenti per rispondere alle esigenze e alle sfide che cambiano. Ciò potrebbe comportare la sperimentazione di nuove tecnologie, la modifica degli orari di assistenza per adattarli ai diversi fusi orari o la personalizzazione dell'assistenza per i diversi team o reparti.

Il ruolo del supporto informatico nei modelli di lavoro ibridi è multiforme e vitale per il buon funzionamento dell'organizzazione. Un'efficace assistenza remota, una gestione proattiva dei sistemi, la formazione dei dipendenti, una forte comunicazione e l'adattabilità sono le best practice chiave che i team IT dovrebbero adottare per fornire un'assistenza efficace in un ambiente di lavoro ibrido.

Se guardiamo al futuro del lavoro ibrido, è evidente che i progressi tecnologici continueranno a svolgere un ruolo fondamentale nel plasmare questi ambienti di lavoro. Anticipare e comprendere questi progressi è fondamentale per le organizzazioni, che devono rimanere adattabili e reattive, assicurandosi di sfruttare tutto il potenziale della tecnologia per migliorare i modelli di lavoro ibridi.

Una delle aree chiave del futuro progresso tecnologico sarà probabilmente quella degli strumenti di comunicazione e collaborazione. Man mano che il lavoro ibrido diventa più diffuso, possiamo aspettarci di vedere ulteriori innovazioni in questi strumenti per rendere le interazioni a distanza altrettanto fluide e coinvolgenti delle riunioni faccia a faccia. Ciò potrebbe includere progressi nella realtà virtuale e aumentata, che offrono esperienze di riunione più coinvolgenti, e nuove piattaforme che integrano in modo più efficace varie forme di comunicazione e collaborazione.

Un'altra tendenza significativa potrebbe essere l'aumento dell'uso dell'intelligenza artificiale e dell'apprendimento automatico per automatizzare le attività di routine e fornire approfondimenti basati sui dati. Questa tecnologia potrebbe consentire esperienze di lavoro più personalizzate ed efficienti, dall'automatizzazione della programmazione e delle attività amministrative alla fornitura di informazioni ai dipendenti per ottimizzare i processi di lavoro e la produttività.

L'importanza della sicurezza informatica continuerà a crescere anche nel contesto del lavoro ibrido. Man mano che i confini tra il lavoro in ufficio e quello da remoto si confondono, la protezione delle reti e dei dati aziendali su più sedi e dispositivi diventerà ancora più critica. Possiamo prevedere progressi nelle tecnologie di cybersecurity, tra cui metodi di crittografia più sofisticati, sistemi avanzati di rilevamento delle minacce e soluzioni di gestione sicura degli accessi.

L'infrastruttura per il lavoro a distanza è destinata a evolversi, con un ulteriore sviluppo delle tecnologie cloud e dell'infrastruttura di rete. Questa evoluzione potrebbe portare a servizi cloud più solidi e sicuri, a velocità internet più elevate e a soluzioni di connettività più affidabili, rendendo il lavoro a distanza più efficiente e accessibile.

Rimanere adattabili e reattivi a queste tecnologie emergenti è vitale per le organizzazioni. Ciò richiede non solo di tenersi al passo con le tendenze tecnologiche, ma anche di promuovere una cultura dell'innovazione e dell'apprendimento continuo all'interno dell'organizzazione. Inoltre, è necessario rivedere e aggiornare regolarmente l'infrastruttura e le politiche IT per incorporare le nuove tecnologie e garantire che i dipendenti siano formati e a proprio agio con questi progressi.

Il futuro della tecnologia per il lavoro ibrido è pronto a compiere progressi significativi, con potenziali impatti su comunicazione, collaborazione, automazione, sicurezza informatica e infrastrutture. Per le organizzazioni, rimanere informate, adattabili e reattive a questi cambiamenti sarà fondamentale per sfruttare efficacemente la tecnologia nei modelli di lavoro ibridi e mantenere un vantaggio competitivo nel panorama lavorativo in evoluzione.

Capitolo 7: Gestione di team remoti

Analizzeremo le complessità della gestione dei team remoti, una componente critica dei modelli di lavoro ibridi e remoti che sono diventati sempre più diffusi nell'ambiente di lavoro odierno. Questa sezione introduttiva getta le basi per comprendere le sfumature e le sfide uniche che derivano dalla guida e dalla gestione di team al di fuori del tradizionale ambiente di lavoro.

Il passaggio a modelli di lavoro remoti e ibridi ha portato alla luce la necessità di strategie di leadership e gestione specializzate. In un ambiente di lavoro remoto, i metodi di gestione tradizionali, che si basano in gran parte sulle interazioni faccia a faccia e sulla presenza fisica in ufficio, non sono più del tutto efficaci. La gestione dei team remoti richiede un approccio diverso, che tenga conto delle sfide della separazione fisica, si affidi fortemente alla tecnologia per la comunicazione e ponga maggiore enfasi sulla fiducia e sull'autonomia.

La gestione di un team a distanza comprende vari aspetti, dalla garanzia di una comunicazione e collaborazione efficaci al mantenimento del morale e della produttività del team. Si tratta di affrontare le sfide dei diversi fusi orari, delle differenze culturali e degli stili di lavoro individuali, cercando di raggiungere gli obiettivi organizzativi.

I leader e i manager dei team remoti devono anche essere abili nell'utilizzare gli strumenti digitali per il coordinamento del team e la gestione dei progetti. Devono essere proattivi nel promuovere la coesione del team e il senso di appartenenza tra i membri del team che potrebbero sentirsi isolati a causa della mancanza di interazioni di persona.

Questo capitolo pone le basi per l'esplorazione di varie strategie, strumenti e best practice per la gestione di team remoti. L'obiettivo è quello di fornire spunti per creare una cultura del lavoro a distanza efficace, garantire la produttività del team e mantenere il coinvolgimento e la soddisfazione dei dipendenti in un ambiente di lavoro remoto o ibrido. Durante la navigazione di questo capitolo, scopriremo le competenze e gli approcci essenziali necessari per una gestione di successo dei team remoti nell'ambiente di lavoro moderno.

La leadership in ambienti remoti richiede un cambiamento rispetto agli stili tradizionali, adattandosi alle dinamiche uniche degli ambienti di lavoro remoti. Una leadership efficace in questi contesti si basa sulla promozione della comunicazione, sulla costruzione della fiducia e sul dare un forte esempio.

Adattare gli stili di leadership agli ambienti remoti significa spesso abbandonare la microgestione e adottare un approccio più basato sulla fiducia. I leader devono avere fiducia nel fatto che i loro team siano in grado di gestire efficacemente i loro compiti senza una costante supervisione. Questo cambiamento richiede una chiara comunicazione delle aspettative e degli obiettivi, lasciando ai membri del team l'autonomia di raggiungere tali obiettivi.

Una comunicazione efficace è fondamentale nei contesti remoti. I leader devono assicurarsi che tutti i membri del team si sentano in contatto e informati, nonostante la mancanza di interazione faccia a faccia. Ciò comporta check-in regolari, canali di comunicazione chiari e coerenti e una condivisione trasparente delle informazioni. Gli strumenti digitali come le videoconferenze, la messaggistica istantanea e le piattaforme di collaborazione svolgono un ruolo cruciale nel facilitare questa comunicazione. La costruzione della fiducia è un altro aspetto critico della leadership a distanza. La fiducia in un ambiente remoto è favorita da azioni coerenti, affidabilità e comunicazione aperta. I leader devono dimostrare il loro impegno per il successo e il benessere dei membri del team, mostrando empatia e comprensione per le sfide uniche del lavoro a distanza.

Dare l'esempio è particolarmente efficace in contesti remoti. I leader che adottano gli strumenti e le pratiche del lavoro a distanza creano un precedente positivo per i loro team. Ciò include l'adesione alle regole del galateo delle riunioni online, il rispetto dei confini tra lavoro e vita privata e la dimostrazione di pratiche di lavoro a distanza efficaci.

I leader remoti devono inoltre affrontare sfide specifiche, come la gestione di un team distribuito su diversi fusi orari, la garanzia di un'equa partecipazione e visibilità per tutti i membri del team e il mantenimento della coesione del team. Per superare queste sfide sono spesso necessarie soluzioni creative, come orari di riunione flessibili, rotazione degli orari di riunione per adattarsi ai diversi fusi orari e creazione di opportunità di interazioni virtuali informali per costruire il cameratismo del team.

Riconoscere e celebrare i risultati ottenuti può essere più impegnativo in un ambiente remoto. I leader devono trovare il modo di riconoscere i successi individuali e del team, che possono essere ottenuti attraverso grida virtuali, riconoscimenti durante le riunioni del team o sistemi di ricompensa digitali. La leadership in contesti remoti richiede una miscela di stili di gestione adattati, un uso efficace degli strumenti di comunicazione, la creazione di fiducia, l'esempio e soluzioni innovative a sfide uniche. Adottando queste strategie, i leader possono gestire e ispirare efficacemente i loro team, indipendentemente dalle distanze fisiche.

Il coinvolgimento in ambienti di lavoro remoti dipende da una serie di fattori unici, diversi da quelli degli uffici tradizionali. Mantenere i dipendenti remoti impegnati e connessi richiede approcci e strategie innovative che affrontino le sfide della separazione fisica e della comunicazione digitale. Un fattore chiave che determina il coinvolgimento in ambienti remoti è la sensazione di essere apprezzati e legati al team e all'organizzazione più ampia. Questo può essere favorito da una comunicazione regolare e significativa, dal riconoscimento dei risultati ottenuti e dalle opportunità di crescita e sviluppo professionale.

Gli approcci innovativi al coinvolgimento in contesti remoti spesso prevedono lo sfruttamento della tecnologia per creare esperienze interattive e collaborative. Le attività virtuali di team building, come i giochi online, le sfide di gruppo o i workshop digitali, possono essere efficaci per rompere la monotonia del lavoro a distanza e promuovere lo spirito di squadra. Queste attività aiutano a costruire relazioni tra i membri del team e a creare un senso di appartenenza.

Un'altra strategia importante è l'implementazione di check-in regolari e incontri individuali. Queste sessioni offrono ai dipendenti una piattaforma per condividere pensieri, sfide e successi. Inoltre, consentono ai manager di offrire un supporto e un feedback personalizzato, favorendo un canale di comunicazione bidirezionale che è essenziale per il coinvolgimento.

Anche offrire opportunità di apprendimento e sviluppo è fondamentale per mantenere i dipendenti remoti impegnati. I programmi di formazione online, i webinar e i workshop possono aiutare i dipendenti a sviluppare nuove competenze e a rimanere aggiornati sulle tendenze del settore, contribuendo alla loro crescita professionale. Incoraggiare le interazioni informali e le connessioni sociali tra i membri del team può migliorare ulteriormente il coinvolgimento. La creazione di spazi virtuali per le conversazioni casuali, come le pause caffè digitali o i canali di chat non legati al lavoro, può riprodurre l'aspetto sociale di un ambiente d'ufficio e rafforzare i legami di squadra.

Promuovere un senso di comunità tra i dipendenti remoti è un altro aspetto essenziale. Questo si può ottenere attraverso aggiornamenti regolari del team, condividendo le notizie sull'azienda, celebrando le pietre miliari e i successi e coinvolgendo i dipendenti nei processi decisionali. Garantire l'equilibrio tra lavoro e vita privata è fondamentale nei contesti remoti. Incoraggiare i dipendenti a stabilire dei limiti, a rispettare il tempo degli altri e a fare pause regolari può prevenire il burnout e mantenere il benessere generale. Le strategie di coinvolgimento per i dipendenti remoti dovrebbero concentrarsi sulla creazione di un senso di connessione, sull'offerta di opportunità di interazione e crescita e sulla garanzia di un sano equilibrio tra lavoro e vita privata. Implementando queste strategie, le organizzazioni possono promuovere una forza lavoro a distanza vivace e impegnata.

Una comunicazione efficace è l'ancora di salvezza dei team remoti e svolge un ruolo fondamentale nel garantire la collaborazione, la produttività e la coesione del team. In assenza di interazioni faccia a faccia, una comunicazione chiara, coerente ed efficace diventa ancora più vitale.

L'importanza di una comunicazione chiara e coerente nei team remoti non può essere sopravvalutata. Aiuta a definire le aspettative, a ridurre le incomprensioni e a mantenere i membri del team allineati con gli obiettivi e i compiti. Una comunicazione efficace contribuisce anche a creare un senso di comunità e di appartenenza tra i membri del team, che altrimenti può essere difficile da raggiungere in un ambiente remoto.

Per mantenere aperte le linee di comunicazione, si utilizzano diversi strumenti e pratiche. Strumenti di videoconferenza come Zoom o Microsoft Teams facilitano le interazioni faccia a faccia e le discussioni in tempo reale, essenziali per le conversazioni complesse o delicate. Le piattaforme di messaggistica istantanea come Slack o Microsoft Teams offrono uno spazio per chat e aggiornamenti rapidi e informali, consentendo una comunicazione più immediata e meno formale.

L'e-mail continua a essere un punto fermo per le comunicazioni più formali e dettagliate. Tuttavia, la comunicazione via e-mail deve essere chiara e concisa per evitare fraintendimenti e sovraccarico di informazioni. Strumenti di collaborazione condivisi come Google Workspace o Microsoft 365 consentono ai team di lavorare insieme su documenti, fogli di calcolo e presentazioni, assicurando che tutti siano sulla stessa pagina.

L'equilibrio tra metodi di comunicazione sincroni e asincroni è fondamentale nei team remoti, soprattutto quando si lavora su fusi orari diversi. La comunicazione sincrona, come le videochiamate o la chat in tempo reale, è importante per la collaborazione immediata e la creazione di relazioni. La comunicazione asincrona, come le e-mail e i documenti condivisi, offre flessibilità, consentendo ai membri del team di contribuire all'orario a loro più congeniale. È importante stabilire delle linee guida su quando utilizzare ciascun tipo di comunicazione, rispettando il tempo e il carico di lavoro di ciascun membro del team.

Anche le riunioni periodiche del team e i check-in individuali sono pratiche importanti. Esse offrono l'opportunità di ricevere aggiornamenti, feedback e di affrontare eventuali problemi o preoccupazioni. Queste riunioni devono essere strutturate e mirate per massimizzare l'efficienza e rispettare il tempo di tutti.

Adattare i processi di gestione delle prestazioni per i team remoti è essenziale per garantire che i dipendenti rimangano produttivi, motivati e allineati con gli obiettivi organizzativi. In un ambiente remoto, i metodi tradizionali di valutazione delle prestazioni, che spesso si basano molto sulla presenza fisica e sull'osservazione, devono essere ripensati e rivisti.

Uno degli elementi chiave di una gestione efficace delle prestazioni in ambienti remoti è la definizione di obiettivi e aspettative chiare. I lavoratori a distanza traggono vantaggio dall'avere obiettivi specifici, misurabili, raggiungibili, pertinenti e limitati nel tempo (SMART). Questi obiettivi forniscono chiarezza e direzione, aiutando i dipendenti remoti a capire cosa ci si aspetta da loro e come il loro lavoro contribuisca agli obiettivi più ampi dell'organizzazione.

Anche i meccanismi di feedback sono fondamentali in un ambiente di lavoro remoto. Check-in regolari, settimanali o bisettimanali, possono offrire ai manager e ai dipendenti l'opportunità di discutere i progressi, affrontare le sfide e modificare gli obiettivi, se necessario. Queste sessioni devono essere a doppio senso, consentendo ai dipendenti di esprimere le loro preoccupazioni e i loro feedback sull'ambiente di lavoro e sulle mansioni.

La tecnologia svolge un ruolo significativo nella gestione delle prestazioni dei team remoti. Per monitorare e valutare le prestazioni si possono utilizzare diversi strumenti e software digitali. Strumenti di gestione dei progetti come Asana o Trello possono aiutare i manager a monitorare i progressi su compiti e progetti specifici. I software di tracciamento del tempo possono offrire informazioni su come i dipendenti gestiscono il loro tempo, rispettando al contempo la loro privacy e autonomia.

La valutazione delle prestazioni in un ambiente remoto dovrebbe considerare anche la qualità del lavoro e l'impatto sugli obiettivi del team e dell'organizzazione, piuttosto che concentrarsi solo sulla quantità di lavoro svolto o sulle ore registrate. Questo approccio riconosce gli aspetti unici del lavoro a distanza, come la flessibilità degli orari e la necessità di auto-motivazione e disciplina.

Un altro aspetto importante è il riconoscimento e la ricompensa dei risultati ottenuti. In un ambiente remoto, in cui i dipendenti possono sentirsi disconnessi, il riconoscimento del loro duro lavoro e dei loro contributi può aumentare significativamente il morale e la motivazione. Questo può avvenire attraverso riconoscimenti virtuali, bonus, promozioni o altre forme di ricompensa. È importante offrire opportunità di sviluppo e crescita professionale. I dipendenti remoti devono avere accesso a programmi di formazione, webinar e altre risorse che li aiutino a migliorare le loro competenze e la loro carriera.

La gestione delle prestazioni in un ambiente remoto richiede una chiara definizione degli obiettivi, un feedback regolare e costruttivo, l'uso della tecnologia per monitorare i progressi, l'attenzione alla qualità e all'impatto del lavoro, il riconoscimento dei risultati ottenuti e le opportunità di crescita professionale. Adattando queste pratiche agli ambienti remoti, le organizzazioni possono garantire una gestione delle prestazioni efficace, in grado di supportare i dipendenti e di allinearsi ai loro obiettivi.

Promuovere l'equilibrio tra lavoro e vita privata nei team remoti è essenziale, poiché i confini tra vita professionale e personale possono spesso sfumare in un ambiente di lavoro domestico, portando a problemi come il sovraccarico di lavoro e il burnout. Per affrontare questi problemi sono necessarie strategie e pratiche deliberate che aiutino i dipendenti a stabilire e mantenere confini sani.

Una sfida significativa nel lavoro a distanza è la tendenza a lavorare più ore, che può portare rapidamente al burnout. I datori di lavoro possono aiutare a gestire questo problema stabilendo chiare aspettative sugli orari di lavoro e rispettando il tempo libero dei dipendenti. Incoraggiando i dipendenti a rispettare un orario di lavoro regolare e scoraggiando le comunicazioni fuori orario, a meno che non siano urgenti, si possono rafforzare questi limiti.

Incoraggiare i dipendenti a creare uno spazio di lavoro dedicato nella loro casa può anche aiutare a mantenere l'equilibrio tra lavoro e vita privata. Uno spazio di lavoro separato può creare un confine fisico tra lavoro e vita privata, aiutando i dipendenti a staccare dalla modalità lavorativa una volta terminata la giornata lavorativa.

La promozione di pause regolari durante la giornata è un'altra strategia efficace. Incoraggiare i dipendenti a fare pause brevi e regolari lontano dalla propria postazione di lavoro può prevenire l'affaticamento e aumentare la produttività. I datori di lavoro possono promuovere questa cultura modellando essi stessi questo comportamento e organizzando anche pause caffè virtuali o brevi attività di gruppo. I dirigenti svolgono un ruolo cruciale nella promozione dell'equilibrio tra lavoro e vita privata. Dovrebbero essere addestrati a riconoscere i segnali di burnout e stress nei membri del loro team. I check-in regolari possono fornire ai dipendenti una piattaforma per discutere di tutte le sfide che stanno affrontando, compresi i problemi legati all'equilibrio tra lavoro e vita privata.

Le organizzazioni possono anche fornire risorse e supporto per la salute mentale e il benessere. Tra queste, l'accesso a servizi di consulenza, workshop sulla gestione dello stress o abbonamenti ad applicazioni per la mindfulness e il benessere. Anche incoraggiare l'attività fisica e il benessere è utile. I datori di lavoro possono offrire corsi di fitness virtuali, sfide per il benessere o stipendi per l'iscrizione in palestra per incoraggiare uno stile di vita sano, che è fondamentale per mantenere un buon equilibrio tra lavoro e vita privata. È fondamentale promuovere una cultura che valorizzi l'equilibrio tra lavoro e vita privata. Ciò può essere fatto attraverso politiche aziendali, esempi di leadership e comunicazioni regolari che sottolineino l'impegno dell'organizzazione per il benessere dei propri dipendenti.

Per promuovere l'equilibrio tra lavoro e vita privata nei team remoti è necessario stabilire confini chiari, fornire supporto per la salute fisica e mentale e promuovere una cultura che valorizzi e rispetti il tempo e il benessere personale dei dipendenti. Implementando queste strategie, le organizzazioni possono aiutare i loro team remoti a mantenere un sano equilibrio tra vita professionale e personale.

Costruire e mantenere una solida cultura del lavoro in un team remoto è fondamentale per garantire la coesione del team, la soddisfazione dei dipendenti e la produttività complessiva. La mancanza di un ambiente fisico in ufficio in contesti remoti pone sfide uniche nell'instillare e sostenere i valori e la cultura aziendale. Tuttavia, con strategie e pratiche ponderate, è possibile promuovere una cultura del lavoro vibrante e unificata da remoto.

In primo luogo, è essenziale una comunicazione chiara e coerente dei valori aziendali. Questo obiettivo può essere raggiunto attraverso riunioni virtuali regolari, newsletter aziendali e piattaforme digitali in cui la missione, la visione e i valori dell'azienda sono esposti e discussi in modo evidente. I leader devono incarnare e rafforzare costantemente questi valori nelle loro interazioni e nei processi decisionali. In un ambiente remoto è fondamentale creare opportunità di interazione regolare e di legame tra i team. Le attività virtuali di team building, le ore di socializzazione e le sessioni informali di recupero possono contribuire a rafforzare le relazioni e a favorire il senso di appartenenza tra i membri del team. Queste attività devono essere inclusive e tenere conto dei diversi fusi orari, culture e impegni personali dei membri del team.

Il riconoscimento e la celebrazione dei risultati giocano un ruolo importante nel mantenere una cultura lavorativa positiva. Riconoscere i successi individuali e di gruppo, attraverso grida virtuali, programmi di ricompensa o riunioni celebrative, può aumentare il morale e rafforzare una cultura di apprezzamento e riconoscimento. Incoraggiare una comunicazione aperta e trasparente è un'altra best practice. Creare canali in cui i dipendenti possano condividere idee, fornire feedback e dare voce alle loro preoccupazioni senza timore di essere puniti aiuta a creare fiducia e senso di comunità. Sondaggi regolari, forum aperti e cassette dei suggerimenti possono essere strumenti efficaci a questo scopo.

Anche le opportunità di formazione e sviluppo sono parte integrante di una solida cultura del lavoro. Fornire l'accesso a risorse di apprendimento online, workshop virtuali e webinar può aiutare i dipendenti a crescere e svilupparsi all'interno dell'azienda, rafforzando una cultura di apprendimento e sviluppo continuo.

Altrettanto importante è promuovere un senso di inclusività e diversità. Si tratta di garantire che tutti i membri del team, indipendentemente dalla loro posizione, si sentano apprezzati e inclusi. Le pratiche inclusive possono includere politiche di assunzione diversificate, la celebrazione di eventi culturali diversi e la garanzia che tutte le voci siano ascoltate nelle riunioni e nei processi decisionali. La leadership svolge un ruolo cruciale nel plasmare la cultura del lavoro in un team remoto. I leader che sono disponibili, empatici e attenti alle esigenze del loro team danno un esempio positivo e creano un ambiente in cui i dipendenti si sentono sostenuti e apprezzati.

Costruire e mantenere una solida cultura del lavoro in un team remoto richiede una chiara comunicazione dei valori aziendali, un'interazione regolare e un legame di squadra, il riconoscimento dei risultati ottenuti, una comunicazione aperta, opportunità di crescita e sviluppo, inclusività e una forte leadership. Adottando queste pratiche, le organizzazioni possono promuovere una cultura del lavoro a distanza coesa e vivace, in linea con i loro valori e obiettivi fondamentali. Poiché la gestione dei team da remoto è sempre più diffusa nel mondo del lavoro moderno, per le organizzazioni è fondamentale anticipare e prepararsi alle tendenze e alle sfide future. Il panorama del lavoro a distanza è in continua evoluzione, influenzato dai progressi tecnologici, dal cambiamento delle aspettative dei dipendenti e da fattori socio-economici più ampi. I leader in questo ambiente devono abbracciare la flessibilità e l'apprendimento continuo per navigare efficacemente in questi cambiamenti.

Una delle principali tendenze future nella gestione dei team remoti è la crescente necessità di competenze digitali. Con l'emergere di nuovi strumenti e tecnologie, i leader e i loro team devono essere abili a sfruttarli per una collaborazione e una produttività efficienti. Ciò può comportare un aggiornamento sugli ultimi strumenti di comunicazione e di gestione dei progetti, sulle pratiche di cybersecurity e sulle tecnologie emergenti come l'intelligenza artificiale e l'apprendimento automatico che potrebbero avere un impatto sui processi di lavoro.

Un'altra sfida è la gestione di una forza lavoro diversificata e dispersa a livello globale. Con l'abbattimento delle barriere geografiche, i team diventano sempre più eterogenei dal punto di vista culturale. I leader devono essere in grado di gestire le sfumature della comunicazione interculturale e della leadership inclusiva, garantendo che tutti i membri del team si sentano apprezzati e compresi, indipendentemente dal loro background.
La salute mentale e il benessere dei dipendenti remoti continueranno a essere un punto cruciale. La futura gestione dei team remoti dovrà affrontare le sfide legate all'isolamento, al burnout e all'equilibrio tra lavoro e vita privata in modi sempre più innovativi. Ciò potrebbe comportare l'implementazione di programmi di benessere più olistici, politiche di lavoro flessibili e check-in regolari incentrati sul benessere.

L'adattamento alle aspettative e agli stili di lavoro dei dipendenti è un'altra area di attenzione. La forza lavoro del futuro potrebbe richiedere maggiore flessibilità, autonomia e opportunità di crescita personale e professionale. I leader devono essere pronti a offrire modalità di lavoro varie e dinamiche e a promuovere una cultura della fiducia e della responsabilità. L'importanza della flessibilità e dell'apprendimento continuo nella leadership non può essere sopravvalutata. I futuri ambienti di lavoro a distanza richiederanno ai leader di essere adattabili, aperti al feedback e disposti a rivedere strategie e approcci, se necessario. Ciò significa essere aperti a nuove idee, disposti a sperimentare diversi stili di gestione e a cercare continuamente di migliorare le proprie competenze e conoscenze.

Per prepararsi alle sfide future nella gestione dei team remoti è necessario essere al passo con le tendenze tecnologiche, abbracciare la diversità culturale, dare priorità al benessere dei dipendenti, adattarsi a stili di lavoro mutevoli e promuovere una cultura della flessibilità e dell'apprendimento continuo. Anticipando queste tendenze e sfide, i leader possono garantire che i loro team remoti rimangano produttivi, impegnati e ben preparati per il futuro del lavoro.

Una gestione efficace dei team a distanza si basa su una comunicazione chiara e coerente. I leader devono assicurarsi che gli obiettivi, le aspettative e i progressi del team siano trasmessi in modo trasparente per favorire un senso di chiarezza e di direzione. Check-in regolari e linee di comunicazione aperte sono fondamentali per mantenere l'allineamento del team e affrontare tempestivamente qualsiasi problema.

Non si può sottovalutare l'importanza di costruire e mantenere una forte cultura di squadra, anche in un ambiente remoto. Ciò comporta non solo l'integrazione dei valori aziendali nelle interazioni quotidiane, ma anche la creazione di opportunità per creare un legame di squadra e riconoscere i risultati ottenuti. La celebrazione dei successi, il riconoscimento dei contributi individuali e le opportunità di interazione informale contribuiscono a creare un team coeso e motivato.

L'adattamento dei processi di gestione delle prestazioni ai contesti remoti è un'altra intuizione fondamentale. Stabilire obiettivi chiari, utilizzare la tecnologia per monitorare le prestazioni e offrire feedback regolari sono pratiche essenziali. Porre l'accento sui risultati piuttosto che sulle ore lavorate e concentrarsi sulla qualità del lavoro è in linea con la natura del lavoro a distanza.

La promozione dell'equilibrio tra lavoro e vita privata è fondamentale nei luoghi remoti. Incoraggiare i dipendenti a stabilire una chiara distinzione tra tempo di lavoro e tempo personale, sostenere pause regolari e rispettare il tempo dei dipendenti al di fuori dell'orario di lavoro sono pratiche che aiutano a prevenire il burnout e a mantenere il benessere dei dipendenti.

Il ruolo del supporto informatico e dei giusti strumenti tecnologici è fondamentale nella gestione dei team remoti. Garantire che i membri del team abbiano le risorse, la formazione e il supporto necessari per utilizzare efficacemente la tecnologia è fondamentale per un ambiente di lavoro remoto produttivo. La leadership nei team remoti richiede una miscela di flessibilità, empatia e apprendimento continuo. L'adattabilità ai cambiamenti, la comprensione delle sfide uniche affrontate dai dipendenti remoti e il continuo aggiornamento delle competenze e delle conoscenze sono la chiave per una gestione efficace dei team remoti.

Nel passaggio al prossimo capitolo, ci immergeremo in casi di studio reali di ambienti di lavoro ibridi. Questi casi di studio offriranno spunti pratici su come diverse organizzazioni hanno affrontato con successo le sfide e sfruttato le opportunità offerte dai modelli di lavoro ibridi. Esploreremo diversi scenari, imparando dalle esperienze e dalle strategie di queste organizzazioni, fornendo una comprensione più ricca dell'applicazione pratica dei concetti discussi nella gestione dei team remoti.

Capitolo 8: Casi di studio sugli ambienti di lavoro ibridi

Lo scopo dell'esame dei casi di studio è molteplice. In primo luogo, offrono esempi tangibili di come le organizzazioni di diversi settori hanno affrontato la transizione al lavoro ibrido. Ciò include le sfide che hanno affrontato, le soluzioni che hanno implementato e i risultati di questi cambiamenti. Questi esempi reali costituiscono una ricca fonte di apprendimento, offrendo spunti pratici che possono essere applicati ad altre organizzazioni che stanno valutando o gestendo modelli di lavoro ibridi.

Ogni caso di studio mette in evidenza diverse applicazioni di modelli di lavoro ibridi, mostrando come diverse organizzazioni abbiano adattato questi modelli alle loro esigenze specifiche, alla loro cultura e alle loro richieste operative. Questa diversità illustra la flessibilità dei modelli di lavoro ibridi e la loro applicabilità in vari settori e dimensioni organizzative. Inoltre, questi casi di studio forniscono preziosi insegnamenti sulle strategie per una comunicazione efficace, per il mantenimento della cultura aziendale, per garantire la produttività e per la gestione del benessere dei dipendenti in un contesto ibrido. Offrono uno sguardo alle pratiche e agli strumenti innovativi che le organizzazioni hanno adottato per superare le sfide associate al lavoro ibrido.

Con questi casi di studio, intendiamo fornire una comprensione completa della natura varia e dinamica degli ambienti di lavoro ibridi. Gli spunti raccolti da questi esempi non solo dimostreranno i potenziali vantaggi e le sfide dei modelli di lavoro ibridi, ma evidenzieranno anche l'importanza dell'adattabilità, della pianificazione strategica e della valutazione continua per una loro implementazione di successo.

Nel corso del capitolo, questi casi di studio serviranno da guida e da ispirazione, offrendo una prospettiva pratica sulle realtà degli ambienti di lavoro ibridi e su come possono essere gestiti in modo efficace e ottimizzati per il successo.

Il successo dell'implementazione di modelli di lavoro ibridi in vari settori evidenzia l'adattabilità e l'innovazione delle organizzazioni in risposta ai cambiamenti delle dinamiche lavorative. Qui presentiamo il profilo di una serie di organizzazioni di diversi settori, tra cui l'industria tecnologica, la finanza, la sanità e l'istruzione, descrivendo il loro percorso nell'adozione di modelli ibridi - le sfide iniziali che hanno affrontato, le strategie che hanno impiegato e i risultati che hanno ottenuto.

Nel settore tecnologico, un'importante azienda di software si è trovata ad affrontare la sfida della transizione della propria forza lavoro verso un modello ibrido, mantenendo al contempo la propria cultura collaborativa e innovativa. La sfida iniziale consisteva nel garantire a tutti i dipendenti l'accesso alla tecnologia e agli strumenti necessari per lavorare efficacemente da remoto. La strategia prevedeva l'investimento in strumenti di collaborazione basati sul cloud e sessioni di formazione per familiarizzare i dipendenti con le migliori pratiche di lavoro da remoto. Il risultato è stato una transizione di successo, con i dipendenti che hanno riferito di una maggiore soddisfazione lavorativa e produttività, e l'azienda ha mantenuto il suo ritmo di innovazione.

Un istituto finanziario globale ha dovuto affrontare le complessità della gestione dei dati sensibili e delle interazioni con i clienti in una configurazione ibrida. La sfida iniziale consisteva nel garantire la sicurezza dei dati e la conformità alle normative. L'organizzazione ha implementato solide misure di cybersecurity, tra cui VPN sicure e autenticazione a più fattori, e ha stabilito linee guida chiare sulla gestione di informazioni sensibili in ambienti remoti. Il risultato è stato una transizione senza problemi al lavoro ibrido, senza compromessi sulla sicurezza dei dati e con un aumento della flessibilità dei dipendenti.

Nel settore sanitario, una rete ospedaliera ha adottato un modello ibrido per il personale amministrativo e di supporto, garantendo al contempo la continuità delle cure ai pazienti. La sfida consisteva nel mantenere una comunicazione efficace tra il personale remoto e quello in sede, garantendo la continuità delle funzioni amministrative. Per garantire l'allineamento, è stata introdotta una piattaforma di comunicazione unificata e riunioni virtuali periodiche. Il risultato è stato un modello ibrido di successo che ha ridotto i costi generali e ha consentito al personale amministrativo una maggiore flessibilità lavorativa senza incidere sull'assistenza ai pazienti.

Un istituto scolastico, di fronte all'improvvisa necessità di passare all'apprendimento a distanza, ha adottato un modello ibrido sia per il personale docente che per quello amministrativo. La sfida iniziale è stata la mancanza di esperienza con gli strumenti e le metodologie di insegnamento a distanza. L'istituto ha fornito una formazione approfondita ai docenti sulle piattaforme di insegnamento online e sulla pedagogia digitale. La transizione ha portato a un ambiente di apprendimento ibrido di successo, con insegnanti esperti sia nei metodi di insegnamento in presenza che in quelli online.

Queste rappresentazioni settoriali diverse dimostrano che, sebbene le sfide per l'implementazione di modelli ibridi varino da un settore all'altro, la chiave del successo risiede spesso nella pianificazione strategica, nell'investimento nella giusta tecnologia e nel garantire la formazione e il benessere dei dipendenti. Questi casi di studio dimostrano il potenziale dei modelli di lavoro ibridi nel migliorare la flessibilità, la produttività e la soddisfazione dei dipendenti in diversi ambienti di lavoro. Nel lavoro ibrido, l'innovazione e la creatività sono fattori chiave che consentono alle organizzazioni di adattare i propri modelli di lavoro alle esigenze e alle sfide specifiche. Esplorando i casi di studio che evidenziano approcci unici al lavoro ibrido, possiamo capire come diverse organizzazioni si siano adattate in modo creativo a questo nuovo paradigma lavorativo.

Un esempio significativo è quello di una startup tecnologica che ha ridefinito il proprio spazio di lavoro trasformando l'ufficio in un hub collaborativo. Invece di imporre la presenza regolare in ufficio, l'azienda ha incoraggiato i dipendenti a utilizzare lo spazio dell'ufficio principalmente per le riunioni del team, le sessioni di brainstorming e i progetti collaborativi, mentre le attività di routine venivano gestite da remoto. Questo approccio ha portato a un aumento significativo della collaborazione creativa e del legame di squadra, senza compromettere la flessibilità individuale.

Un altro approccio innovativo è stato adottato da un'agenzia di marketing che ha implementato un "ambiente di lavoro basato solo sui risultati" (ROWE). In questo modello, i dipendenti avevano completa autonomia sul luogo e sull'orario di lavoro, a patto di rispettare metriche di performance e scadenze di progetto predefinite. L'attenzione ai risultati, piuttosto che alle ore di lavoro, ha portato a un miglioramento della produttività e della soddisfazione dei dipendenti, in quanto i membri del team hanno potuto lavorare nei modi più adatti ai loro ritmi di produttività personali.

Una multinazionale ha introdotto un sistema ibrido a rotazione in cui i diversi reparti lavoravano in loco in determinati giorni della settimana. Questo sistema è stato progettato per garantire che i dipendenti potessero beneficiare delle interazioni e della collaborazione di persona, pur godendo della flessibilità del lavoro a distanza. Inoltre, l'azienda ha investito in strutture di videoconferenza all'avanguardia per garantire una comunicazione continua tra i dipendenti remoti e quelli in sede.

Nel settore dell'istruzione, un'università ha sperimentato un modello di insegnamento ibrido che combina l'apprendimento in presenza con quello online. Le lezioni sono state tenute dal vivo con la partecipazione virtuale di studenti remoti, mentre il materiale integrativo è stato fornito attraverso una piattaforma online. Questo modello non solo soddisfaceva le diverse esigenze degli studenti, ma li preparava anche a un futuro in cui la collaborazione digitale è un fatto comune.

Questi esempi mostrano come diverse organizzazioni hanno adattato i loro modelli di lavoro ibrido alle loro esigenze e ai loro obiettivi. Le soluzioni creative alle sfide comuni del lavoro ibrido, come mantenere la coesione del team, garantire la produttività e promuovere una cultura collaborativa, sono al centro di questi approcci innovativi. Questi casi di studio sono fonte di ispirazione per altre organizzazioni che si trovano a navigare nel panorama del lavoro ibrido, dimostrando che con un po' di creatività e di pianificazione strategica, le sfide del lavoro ibrido possono essere trasformate in opportunità di crescita e innovazione.

La transizione verso modelli di lavoro ibridi presenta spesso una serie di ostacoli comuni che le organizzazioni devono superare. Identificare queste sfide e discutere le strategie e le soluzioni impiegate per superarle offre spunti preziosi a tutte le organizzazioni che intraprendono questo viaggio. Una sfida comune è la resistenza al cambiamento, sia da parte del management che del personale. Molte organizzazioni hanno culture e pratiche consolidate, incentrate sul lavoro in ufficio, e il passaggio a un modello ibrido può essere accolto con scetticismo. Per superare questo problema, le organizzazioni di successo spesso utilizzano strategie di comunicazione trasparenti, spiegando i vantaggi del lavoro ibrido e affrontando le preoccupazioni. Inoltre, coinvolgono i dipendenti nel processo di pianificazione, rendendo la transizione uno sforzo collaborativo.

Un altro ostacolo è garantire una comunicazione e una collaborazione efficaci tra i membri del team che lavorano sia in remoto che in loco. La mancanza di un'interazione faccia a faccia può portare a comunicazioni errate o a sentimenti di isolamento. Per combattere questo problema, molte organizzazioni investono in tecnologie di comunicazione avanzate, come strumenti di videoconferenza e piattaforme software di collaborazione. Inoltre, stabiliscono check-in regolari e riunioni virtuali per mantenere la coesione del team e garantire che tutti siano informati.

Garantire la produttività e la responsabilità in un ambiente remoto è un'altra sfida. Senza la supervisione fisica che si trova negli uffici tradizionali, i manager possono avere difficoltà a monitorare e valutare efficacemente le prestazioni dei dipendenti. Le organizzazioni hanno affrontato questo problema definendo obiettivi e aspettative chiare, utilizzando strumenti di gestione dei progetti per monitorare i progressi e concentrandosi sui risultati piuttosto che sulle ore lavorate. Anche mantenere la cultura aziendale e il coinvolgimento dei dipendenti in un ambiente ibrido può essere una sfida. Le organizzazioni hanno trovato il successo creando spazi virtuali per l'interazione sociale, celebrando i risultati e assicurando che i dipendenti remoti si sentano parte del team come quelli che sono in ufficio.

La gestione degli aspetti tecnici di un modello ibrido è un'altra sfida comune. Si tratta di fornire ai dipendenti l'hardware e il software necessari per lavorare in modo efficiente da casa e di garantire l'adozione di solide misure di sicurezza informatica. Anche l'offerta di assistenza tecnica e formazione per gli strumenti di lavoro a distanza è fondamentale. Le organizzazioni devono spesso affrontare sfide logistiche per configurare gli uffici fisici in modo da adattarli a un modello ibrido. Ciò può comportare la riprogettazione dei layout degli uffici per supportare il lavoro collaborativo quando i dipendenti sono in sede e garantire l'adozione di misure di salute e sicurezza.

Superare le sfide iniziali della transizione a modelli di lavoro ibridi comporta una combinazione di pianificazione strategica, investimenti in tecnologia, promozione di una comunicazione aperta e adattamento delle pratiche gestionali e culturali. Utilizzando queste strategie, le organizzazioni possono superare efficacemente i primi ostacoli dell'implementazione di un modello di lavoro ibrido.

La sostenibilità a lungo termine dei modelli di lavoro ibridi dipende dalla capacità delle organizzazioni di adattare ed evolvere continuamente questi modelli in risposta ai cambiamenti delle circostanze, ai progressi tecnologici e al feedback dei dipendenti. Questo approccio adattivo garantisce che il modello ibrido rimanga efficace, rilevante e vantaggioso nel tempo.

Molte organizzazioni hanno capito che la transizione iniziale verso un modello ibrido è solo l'inizio. Per la sostenibilità a lungo termine, valutano e perfezionano continuamente il loro approccio. Ciò comporta regolari cicli di feedback con i dipendenti, per capire le loro esperienze, le sfide e le esigenze nella configurazione ibrida. I sondaggi, i focus group e i forum aperti possono essere utili per raccogliere questo feedback, che può essere utilizzato per apportare modifiche e miglioramenti al modello.

L'adattamento alle circostanze mutevoli è un altro aspetto fondamentale per garantire la sostenibilità dei modelli ibridi. Ciò potrebbe comportare la modifica dell'equilibrio tra lavoro a distanza e lavoro in sede in risposta a fattori esterni, come le linee guida sulla salute pubblica, o a fattori interni, come le richieste di progetti o le dinamiche dei team. Le organizzazioni che rimangono flessibili e rispondono a queste esigenze mutevoli sono meglio posizionate per sostenere efficacemente i loro modelli ibridi.

Anche i progressi tecnologici svolgono un ruolo significativo nella sostenibilità a lungo termine del lavoro ibrido. Man mano che emergono nuovi strumenti e piattaforme, le organizzazioni devono stare al passo con questi sviluppi e integrarli nella loro infrastruttura di lavoro ibrido. In questo modo si garantisce ai dipendenti l'accesso ai migliori strumenti di comunicazione, collaborazione e produttività.

Un altro aspetto importante è la formazione e l'assistenza continua ai dipendenti. Con l'evolversi dei modelli di lavoro ibridi, evolvono anche le capacità e le competenze necessarie per lavorare in modo efficace. Offrire una formazione regolare sulle nuove tecnologie, sulle migliori pratiche di comunicazione e sulla gestione del tempo può aiutare i dipendenti ad adattarsi all'evoluzione delle esigenze del lavoro ibrido. Molte organizzazioni stanno scoprendo che sostenere un modello ibrido richiede un cambiamento culturale che abbracci flessibilità, autonomia e fiducia. Coltivare una cultura che supporti questi valori può aiutare a garantire che i dipendenti si sentano supportati e impegnati nel modello ibrido a lungo termine. Lo stesso spazio di lavoro fisico potrebbe dover evolvere. Le organizzazioni stanno ripensando il design dei loro uffici per renderli più adatti alle esigenze di una forza lavoro ibrida, ad esempio creando spazi più collaborativi e assicurando che le strutture in loco supportino un ambiente di lavoro produttivo.

La sostenibilità a lungo termine dei modelli ibridi dipende dalla capacità dell'organizzazione di evolversi e adattarsi continuamente. Ciò comporta la ricerca e la risposta regolare ai feedback dei dipendenti, la flessibilità di fronte alle mutevoli esigenze, lo sfruttamento dei progressi tecnologici, l'offerta di formazione e assistenza continue, la promozione di una cultura di supporto e l'adattamento dello spazio di lavoro fisico, se necessario. Adottando queste pratiche, le organizzazioni possono garantire che i loro modelli di lavoro ibridi rimangano efficaci e vantaggiosi nel lungo periodo.

I casi di studio presentati in questo capitolo offrono una grande quantità di spunti e lezioni sull'implementazione e la gestione di modelli di lavoro ibridi. Sulla base di questi esempi reali, possiamo riassumere una serie di buone pratiche e raccomandazioni che sono fondamentali per il successo dell'adozione di modelli di lavoro ibridi.

1. Flessibilità e adattabilità: Un tema ricorrente negli studi di caso è l'importanza della flessibilità sia nelle politiche che nelle pratiche. I modelli ibridi di successo sono quelli che possono adattarsi alle circostanze mutevoli e alle esigenze dei singoli dipendenti. Ciò include la possibilità di variare gli orari di lavoro, le sedi e di adattare le strategie in base alle esigenze.

2. Comunicazione efficace: Una comunicazione chiara, coerente e aperta è essenziale negli ambienti di lavoro ibridi. Check-in regolari, riunioni di tutte le squadre e canali di comunicazione trasparenti aiutano a mantenere allineati e informati i membri dei team remoti e quelli in sede.

3. Investimento in tecnologia: La giusta infrastruttura tecnologica è fondamentale per il successo dei modelli ibridi. Si tratta non solo di fornire gli strumenti necessari per il lavoro a distanza, ma anche di garantire che questi strumenti siano affidabili, sicuri e facili da usare.

4. Coinvolgimento e inclusione dei dipendenti: Lavorare attivamente per mantenere la coesione del team e il senso di appartenenza è fondamentale, soprattutto per i dipendenti remoti che potrebbero sentirsi disconnessi. Attività virtuali di team building, incontri informali e pratiche inclusive aiutano a promuovere una forte cultura di squadra.

5. Formazione e assistenza: È fondamentale fornire ai dipendenti una formazione sugli strumenti di lavoro a distanza e sulle migliori pratiche. Inoltre, offrire un supporto continuo, soprattutto in termini di risorse informatiche e di salute mentale, è fondamentale per il benessere e la produttività del team.

6. Concentrarsi sulla produzione, non sulle ore: Spostare l'attenzione dalle ore lavorate alla qualità e all'impatto del lavoro favorisce la produttività e la soddisfazione lavorativa. Questo approccio rispetta l'autonomia dei dipendenti e si allinea alla natura flessibile del lavoro ibrido.

7. Feedback e iterazioni regolari: Il feedback continuo dei dipendenti è prezioso per perfezionare i modelli di lavoro ibridi. Sondaggi regolari, sessioni di feedback e la volontà di iterare le politiche sulla base di questo feedback sono fondamentali per evolvere e sostenere modelli ibridi efficaci.

8. Formazione sulla leadership e sulla gestione: È essenziale dotare leader e manager delle competenze necessarie per gestire efficacemente i team remoti. Ciò include la formazione sulla leadership dei team remoti, sull'empatia e sulla comunicazione digitale.

9. Mantenere la sicurezza e la conformità: Garantire la sicurezza dei dati e la conformità alle normative, soprattutto in un ambiente di lavoro disperso, è una priorità. La revisione regolare dei protocolli di sicurezza e la formazione del personale in materia di conformità sono misure necessarie.

10. Equilibrio vita-lavoro: Incoraggiare un sano equilibrio tra lavoro e vita privata è importante per prevenire il burnout. Ciò include il rispetto dei limiti, l'incoraggiamento di pause regolari e l'attenzione al tempo personale dei dipendenti.

Le intuizioni e le best practice tratte dai casi di studio forniscono una tabella di marcia per le organizzazioni che intendono implementare o migliorare i propri modelli di lavoro ibridi. La chiave del successo sta nell'essere adattabili, incentrati sui dipendenti e tecnologicamente attrezzati, insieme a una forte leadership e all'attenzione per la comunicazione e la cultura.

Il passaggio a modelli di lavoro ibridi ha profonde implicazioni per la cultura organizzativa e il benessere dei dipendenti. Poiché questi modelli fondono il lavoro a distanza con quello in ufficio, alterano intrinsecamente le dinamiche di interazione, collaborazione e connessione dei dipendenti con l'organizzazione. La comprensione di questi effetti e del modo in cui le organizzazioni li hanno affrontati fornisce preziose indicazioni sul potenziale dei modelli ibridi nel promuovere ambienti di lavoro positivi.

Un effetto significativo dei modelli ibridi è il loro impatto sulla cultura organizzativa. La cultura in un luogo di lavoro si costruisce tradizionalmente attraverso esperienze e interazioni condivise all'interno di un ufficio fisico. In un ambiente ibrido, mantenere questo senso di comunità e di scopo condiviso richiede uno sforzo deliberato. Le organizzazioni che hanno avuto successo in questa transizione si sono spesso affidate a regolari attività di team building virtuale, a comunicazioni coerenti e trasparenti da parte della leadership e a piattaforme digitali che facilitano le interazioni informali tra i dipendenti. Questi sforzi aiutano a mantenere un senso di coesione e di appartenenza, anche quando le interazioni faccia a faccia sono limitate.

Un altro aspetto fondamentale è la riorganizzazione della cultura per adattarla al modello ibrido. Ciò comporta spesso l'enfatizzazione di valori quali la flessibilità, l'autonomia, la fiducia e le prestazioni orientate ai risultati. Promuovendo una cultura in linea con questi valori, le organizzazioni possono assicurarsi che la loro cultura supporti il modello ibrido, anziché entrare in conflitto con esso. Ad esempio, incoraggiare la flessibilità e l'autonomia può aiutare i dipendenti a sentirsi responsabilizzati nella gestione del lavoro e delle responsabilità personali, con conseguente aumento della soddisfazione lavorativa e della produttività.

Il benessere dei dipendenti nei modelli ibridi è un'altra considerazione cruciale. La flessibilità del lavoro ibrido può contribuire in modo significativo a un migliore equilibrio tra lavoro e vita privata, riducendo lo stress e migliorando il benessere generale. Tuttavia, il rischio di isolamento e burnout, in particolare per coloro che lavorano prevalentemente da remoto, richiede una gestione attenta. Le organizzazioni hanno affrontato questo problema fornendo risorse per la salute mentale, come l'accesso a servizi di consulenza, programmi di benessere e check-in regolari incentrati sul benessere.

Una comunicazione efficace e il supporto di manager e team leader svolgono un ruolo fondamentale per il benessere dei dipendenti. Garantire che i dipendenti remoti si sentano visti, ascoltati e valorizzati allo stesso modo delle loro controparti in ufficio è fondamentale per il loro benessere mentale ed emotivo. L'impatto dei modelli ibridi sulla cultura organizzativa e sul benessere dei dipendenti è multiforme. Mantenere o rimodellare la cultura in un contesto ibrido significa promuovere valori che supportino il lavoro flessibile, sfruttare la tecnologia per mantenere la coesione del team e dare priorità al benessere dei dipendenti. Affrontando questi aspetti in modo ponderato, le organizzazioni possono creare un ambiente di lavoro ibrido che non solo preservi, ma potenzialmente migliori la loro cultura e il benessere generale dei loro dipendenti.

Mentre le organizzazioni navigano nel panorama in evoluzione del lavoro ibrido, è fondamentale prepararsi ai cambiamenti futuri e alle potenziali sfide. I casi di studio rivelano che le organizzazioni di successo sono quelle che abbracciano l'innovazione e l'adattabilità, migliorando continuamente i loro modelli di lavoro ibrido in risposta a nuovi sviluppi e intuizioni.

Un'area chiave di attenzione è l'anticipazione dei progressi tecnologici. Man mano che emergono nuovi strumenti e piattaforme, le organizzazioni devono essere pronte a integrarli nell'infrastruttura esistente per migliorare la collaborazione e la produttività. A tal fine è necessario tenersi aggiornati sulle tendenze tecnologiche ed essere aperti a sperimentare nuove soluzioni che possano migliorare l'esperienza di lavoro ibrida. Un altro aspetto è la raccolta e l'analisi continua dei feedback dei dipendenti. Sondaggi regolari, sessioni di feedback e canali di comunicazione aperti aiutano le organizzazioni a valutare l'efficacia dei loro modelli ibridi e a identificare le aree di miglioramento. Questo feedback è prezioso per apportare modifiche iterative alle politiche, alle pratiche e agli ambienti di lavoro, per meglio adattarsi alle esigenze in evoluzione della forza lavoro.

La flessibilità organizzativa è fondamentale anche per prepararsi agli adattamenti futuri. Ciò significa essere pronti a modificare l'equilibrio tra lavoro a distanza e lavoro in ufficio in base ai cambiamenti delle circostanze, come le linee guida sulla salute pubblica, le preferenze dei dipendenti o le esigenze aziendali. Un approccio flessibile consente alle organizzazioni di rispondere in modo rapido ed efficace ai cambiamenti esterni e interni. L'innovazione nelle pratiche di gestione e leadership è un'altra area critica per gli adattamenti futuri. Con l'evoluzione dei modelli di lavoro ibridi, devono evolversi anche le strategie di conduzione e gestione dei team remoti. Ciò potrebbe comportare un'ulteriore formazione dei manager in materia di leadership a distanza, l'investimento in strumenti che facilitino la gestione dei team a distanza e lo sviluppo di nuove metriche per la valutazione delle prestazioni dei dipendenti in una configurazione ibrida.

Le organizzazioni riconoscono l'importanza di mantenere una forte cultura aziendale e il coinvolgimento dei dipendenti in un ambiente ibrido. Ciò può comportare approcci innovativi al team building, alla collaborazione e a garantire che i dipendenti remoti si sentano connessi e coinvolti come i loro colleghi in ufficio.

Prepararsi ai futuri adattamenti dei modelli di lavoro ibridi richiede un impegno all'innovazione, alla flessibilità e al miglioramento continuo. Rimanendo in sintonia con gli sviluppi tecnologici, cercando attivamente il feedback dei dipendenti, rimanendo adattabili ai cambiamenti e innovando continuamente le pratiche di gestione, le organizzazioni possono garantire che i loro modelli di lavoro ibridi rimangano efficaci, efficienti e vantaggiosi per tutti gli stakeholder nel lungo periodo.

Al termine dell'esplorazione dei casi di studio sugli ambienti di lavoro ibridi, è chiaro che questi esempi reali forniscono una comprensione ricca e sfumata di come le organizzazioni stanno affrontando il passaggio a modelli di lavoro ibridi. Questi casi di studio sono significativi perché offrono spunti e insegnamenti pratici che possono essere applicati in diversi settori e dimensioni organizzative.

Dalle startup tecnologiche alle multinazionali, la varietà delle organizzazioni presentate dimostra che i modelli di lavoro ibridi non sono una soluzione unica. Al contrario, richiedono una personalizzazione e un adattamento per adattarsi a contesti e culture organizzative specifiche. I casi di studio rivelano l'importanza della flessibilità, della comunicazione, della tecnologia e della leadership per il successo del lavoro ibrido.

Un aspetto fondamentale che emerge da questi casi di studio è il ruolo critico dell'adattabilità nell'attuale cultura del lavoro in evoluzione. La capacità di adattarsi ai cambiamenti delle circostanze, alle esigenze dei dipendenti e ai progressi tecnologici è una caratteristica distintiva delle organizzazioni che hanno implementato con successo modelli ibridi. Questa adattabilità non è solo una risposta alle sfide poste dal lavoro ibrido, ma anche un approccio proattivo per sfruttarne le opportunità.

Un altro aspetto significativo è l'enfasi posta sul mantenimento e la riorganizzazione della cultura organizzativa in un ambiente ibrido. I casi di studio dimostrano che, nonostante la separazione fisica dei membri del team, è possibile promuovere una cultura forte e coesa attraverso valori condivisi, comunicazioni regolari e pratiche inclusive. Ciò richiede uno sforzo consapevole da parte della leadership e l'impegno a garantire che tutti i dipendenti, indipendentemente dalla loro posizione, si sentano connessi e impegnati.

Anche l'importanza dell'apprendimento continuo e dell'innovazione emerge come tema vitale. Poiché gli ambienti di lavoro continuano a evolversi, le organizzazioni devono rimanere aperte all'apprendimento e alla sperimentazione di nuovi strumenti, strategie e pratiche di gestione. Questa continua evoluzione è essenziale per rimanere rilevanti e competitivi in un panorama lavorativo in rapida evoluzione.

I casi di studio sugli ambienti di lavoro ibridi forniscono indicazioni preziose sulle complessità e sul potenziale dei modelli di lavoro ibridi. Sottolineano la necessità di flessibilità, innovazione e attenzione alla cultura e alla comunicazione. Mentre le organizzazioni di tutto il mondo continuano ad affrontare il passaggio al lavoro ibrido, le lezioni di questi casi di studio offrono una guida e un'ispirazione, evidenziando le possibilità di creare ambienti di lavoro più dinamici, inclusivi ed efficaci.

Parte 3: Integrazione di IA generativa e modelli di lavoro ibridi

Nella terza parte di "The Future of Work Now", ci avventuriamo nell'avvincente intersezione tra IA generativa e modelli di lavoro ibridi, intrecciando le intuizioni raccolte nelle prime sezioni del libro. Questa parte è dedicata alla comprensione di come le capacità innovative dell'IA generativa possano essere integrate armoniosamente nei regni flessibili, spesso fluidi, degli ambienti di lavoro ibridi. Il nostro obiettivo è creare un mosaico di strategie e intuizioni che possano guidare le organizzazioni a fondere il potenziale dell'IA con l'adattabilità degli ambienti di lavoro ibridi.

Nel capitolo 9 esploriamo come l'IA generativa possa integrarsi e migliorare le culture del lavoro ibrido. Questo capitolo approfondisce gli aspetti pratici dell'utilizzo dell'IA per mantenere la produttività e allo stesso tempo aggiungere la flessibilità che definisce il lavoro ibrido. Esaminiamo il ruolo dell'IA nel garantire una comunicazione e una collaborazione efficaci tra team geograficamente dispersi e come gli strumenti di IA possano essere personalizzati per soddisfare le esigenze uniche dei contesti di lavoro ibridi.

Nel capitolo 10, l'attenzione si sposta sullo sviluppo delle competenze e sulla formazione in un ambiente in cui coesistono IA e lavoro ibrido. Riconoscendo la duplice necessità di competenze in materia di IA e di lavoro a distanza, questo capitolo delinea le strategie per l'aggiornamento della forza lavoro, assicurando che sia equipaggiata per navigare in un panorama lavorativo ibrido e integrato dall'IA. Anche lo sviluppo della leadership è al centro dell'attenzione, sottolineando la coltivazione di leader capaci di gestire team ibridi e di sfruttare l'IA per prendere decisioni intelligenti.

La gestione etica è al centro del Capitolo 11, dove si affrontano le complesse considerazioni etiche che emergono all'intersezione tra IA e lavoro ibrido. Ciò include lo sviluppo di quadri etici completi per affrontare questioni come la privacy e la sorveglianza dei dati e per garantire l'equità e l'inclusività in contesti sia remoti che in ufficio. Il capitolo sottolinea l'importanza della vigilanza etica in un ambiente di lavoro ibrido guidato dall'IA.

Il capitolo 12 illustra i concetti teorici discussi in precedenza attraverso una serie di casi di studio. Questi esempi reali mostrano organizzazioni che hanno integrato con successo l'IA generativa nei loro modelli di lavoro ibridi. L'analisi di questi casi ci consente di trarre spunti di riflessione e best practice, offrendo un modello pratico per le organizzazioni che desiderano intraprendere un percorso simile.

In questa parte conclusiva del libro, ci proponiamo di fornire una visione olistica di come l'IA generativa e i modelli di lavoro ibridi possano non solo coesistere, ma anche completarsi e potenziarsi a vicenda, aprendo la strada a un futuro del lavoro più dinamico, efficiente e inclusivo.

Capitolo 9: Combinare l'IA con culture lavorative ibride

Continuiamo la nostra esplorazione della fiorente intersezione tra IA generativa e modelli di lavoro ibridi. Questa integrazione rappresenta una fusione tra innovazione tecnologica e nuovi modi di lavorare, che promette di ridisegnare in modo significativo il panorama del luogo di lavoro moderno. Questo capitolo intende fornire una panoramica della sinergia tra questi due ambiti e gettare le basi per comprendere come l'IA possa essere integrata efficacemente in diversi ambienti di lavoro.

L'integrazione dell'IA nelle culture lavorative ibride non riguarda solo l'implementazione di nuove tecnologie, ma anche l'armonizzazione di queste tecnologie con gli aspetti umani del lavoro. L'IA offre una serie di possibilità per migliorare l'efficienza, la produttività e la creatività negli ambienti di lavoro ibridi. Dall'automazione delle attività di routine alla fornitura di analisi avanzate e alla facilitazione di un migliore processo decisionale, l'IA ha il potenziale per aumentare in modo significativo le capacità dei lavoratori umani.

Tuttavia, questa integrazione comporta anche sfide e considerazioni, soprattutto in termini di mantenimento di un equilibrio tra efficienza tecnologica e pratiche di lavoro incentrate sull'uomo. Questioni come la formazione della forza lavoro, l'uso etico dell'IA e il potenziale impatto sull'occupazione e sui ruoli lavorativi sono considerazioni critiche in questa integrazione.

La comprensione dell'integrazione dell'IA negli ambienti di lavoro ibridi implica anche l'esplorazione della sua applicazione in vari settori e funzioni lavorative. Che si tratti di migliorare la comunicazione e la collaborazione tra team distribuiti, di ottimizzare la gestione del flusso di lavoro in un ambiente di lavoro flessibile o di offrire opportunità di apprendimento e sviluppo personalizzate ai dipendenti, il ruolo dell'IA è multiforme.

In questo capitolo, approfondiamo vari casi di studio ed esempi che dimostrano come diverse organizzazioni stiano affrontando l'integrazione dell'IA nelle loro culture lavorative ibride. Questi esempi faranno luce sugli aspetti pratici di questa integrazione, evidenziando gli usi innovativi dell'IA, le strategie per superare le sfide e i benefici tangibili che l'IA può apportare agli ambienti di lavoro ibridi.

Il tema principale di questo capitolo è l'esplorazione di come l'IA e i modelli di lavoro ibridi possano completarsi e potenziarsi a vicenda, portando ad ambienti di lavoro non solo più efficienti e produttivi, ma anche più adattabili e incentrati sull'uomo. L'obiettivo di questo capitolo è quello di fornire una comprensione completa di come l'IA possa essere integrata senza problemi e in modo etico nei luoghi di lavoro ibridi, contribuendo all'evoluzione della cultura del lavoro nell'era digitale. L'integrazione dell'IA generativa nei modelli di lavoro ibridi offre un'opportunità unica per migliorare la flessibilità intrinseca di questi accordi, mantenendo o addirittura migliorando la produttività. L'armonizzazione tra tecnologia e flessibilità è la chiave del successo dell'adozione dell'IA negli ambienti di lavoro ibridi.

L'IA generativa, con la sua capacità di automatizzare compiti complessi, analizzare grandi insiemi di dati e generare soluzioni creative, può essere uno strumento potente per supportare la natura flessibile del lavoro ibrido. Ad esempio, gli strumenti basati sull'IA possono automatizzare le attività amministrative di routine, liberando i dipendenti per concentrarsi su lavori più strategici e creativi che possono essere svolti in modo flessibile in termini di tempo e luogo.

L'intelligenza artificiale può anche svolgere un ruolo cruciale nella gestione dei progetti e nell'ottimizzazione dei flussi di lavoro in contesti ibridi. Analizzando i modelli di lavoro e le tempistiche dei progetti, i sistemi di intelligenza artificiale possono ottimizzare i programmi e allocare le risorse in modo efficiente, tenendo conto dei diversi orari e delle diverse sedi dei membri del team. Ciò garantisce il mantenimento della produttività anche quando i membri del team lavorano in modo asincrono o da luoghi diversi.

Inoltre, gli strumenti di comunicazione e collaborazione basati sull'intelligenza artificiale possono migliorare la flessibilità dei modelli di lavoro ibridi. Questi strumenti possono fornire servizi di traduzione e trascrizione in tempo reale, facilitando la collaborazione tra team sparsi in tutto il mondo. L'intelligenza artificiale può anche personalizzare i feed di informazioni e le notifiche, assicurando che i membri del team ricevano aggiornamenti pertinenti senza essere sopraffatti, contribuendo così a mantenere la concentrazione e l'efficienza.

L'intelligenza artificiale può offrire analisi e approfondimenti avanzati che aiutano i manager a monitorare i progressi e a identificare le aree di miglioramento. L'analisi predittiva può prevedere potenziali colli di bottiglia o ritardi nei progetti, consentendo ai team di affrontare in modo proattivo i problemi prima che abbiano un impatto sulla produttività.

L'integrazione dell'IA in modelli di lavoro ibridi richiede anche un'attenta considerazione delle potenziali sfide. È fondamentale garantire che gli strumenti di IA siano facili da usare e accessibili a tutti i dipendenti, indipendentemente dalle loro competenze tecniche. Inoltre, la formazione e l'assistenza sono fondamentali per aiutare i dipendenti ad adattarsi agli strumenti e ai processi guidati dall'IA, assicurando che si sentano sicuri e capaci in questo ambiente di lavoro migliorato. Armonizzare l'IA generativa con la flessibilità dei modelli di lavoro ibridi significa sfruttare l'IA per automatizzare le attività di routine, ottimizzare i flussi di lavoro, migliorare la comunicazione e fornire preziose informazioni, il tutto garantendo la facilità d'uso e l'accessibilità. In questo modo, le organizzazioni possono sfruttare tutto il potenziale dell'IA per supportare modalità di lavoro flessibili, che in ultima analisi portano a una maggiore produttività e a un ambiente di lavoro più dinamico e reattivo.

L'integrazione dell'intelligenza artificiale per facilitare la comunicazione e migliorare la collaborazione è una componente critica negli ambienti di lavoro ibridi, soprattutto per i team distribuiti. Gli strumenti di IA possono semplificare in modo significativo le interazioni e promuovere uno spirito collaborativo, anche quando i membri del team sono fisicamente lontani. Gli strumenti di comunicazione basati sull'intelligenza artificiale stanno rivoluzionando il modo in cui i team interagiscono. Ad esempio, i chatbot e gli assistenti virtuali dotati di intelligenza artificiale possono aiutare a gestire e dare priorità alle comunicazioni, a programmare le riunioni e a fornire promemoria tempestivi. L'intelligenza artificiale può anche migliorare gli strumenti di videoconferenza, offrendo funzioni come la trascrizione, la traduzione e l'analisi del sentiment in tempo reale, rendendo le riunioni digitali più accessibili ed efficienti, soprattutto per i team con background linguistici e culturali diversi.

In termini di collaborazione, l'IA sta svolgendo un ruolo di trasformazione. Gli strumenti di gestione dei progetti basati sull'intelligenza artificiale sono in grado di prevedere le tempistiche dei progetti, di allocare le risorse in modo ottimale e di identificare i rischi potenziali analizzando i dati storici. Questo approccio proattivo aiuta a mantenere i progetti in linea con i tempi e i team allineati con i loro obiettivi. Inoltre, l'intelligenza artificiale può aiutare a collaborare con i documenti suggerendo modifiche, fornendo informazioni pertinenti al contesto e, in alcuni casi, persino redigendo i contenuti.

Esempi di strumenti di collaborazione basati sull'intelligenza artificiale sono le piattaforme che classificano e danno priorità alle e-mail e ai compiti di lavoro, le piattaforme di collaborazione che suggeriscono documenti o esperti pertinenti in base al contesto del progetto e gli strumenti creativi che offrono suggerimenti di design o di contenuto in base alle tendenze attuali e alle preferenze passate. L'implementazione dell'intelligenza artificiale per la comunicazione e la collaborazione in una configurazione ibrida non è priva di sfide. Una delle principali preoccupazioni è garantire l'accessibilità e l'usabilità di questi strumenti di IA per tutti i membri del team, indipendentemente dalle loro competenze tecniche. È fondamentale che questi strumenti siano intuitivi e richiedano una formazione minima per essere utilizzati in modo efficace. Un'altra sfida è rappresentata dalla privacy e dalla sicurezza dei dati. Poiché gli strumenti di IA spesso richiedono l'accesso a dati sensibili dell'azienda e dei dipendenti per funzionare in modo ottimale, è fondamentale garantire che questi dati siano gestiti in modo sicuro e conforme alle normative sulla privacy. Inoltre, è necessario evitare un eccessivo affidamento all'IA, che potrebbe portare a una riduzione delle interazioni personali, fondamentali per il legame e la creatività del team. È essenziale bilanciare l'efficienza guidata dall'IA con gli elementi umani della collaborazione.

Per affrontare queste sfide, le organizzazioni devono adottare un approccio strategico all'implementazione degli strumenti di IA. Ciò include una verifica approfondita degli strumenti per quanto riguarda la sicurezza e la conformità, la fornitura di una formazione e di un'assistenza completa ai dipendenti e la promozione di una cultura che valorizzi sia l'efficienza tecnologica sia le interazioni personali.

L'intelligenza artificiale ha il potenziale per migliorare significativamente la comunicazione e la collaborazione negli ambienti di lavoro ibridi. Scegliendo gli strumenti giusti, affrontando le sfide legate all'usabilità, alla sicurezza e mantenendo il tocco umano, le organizzazioni possono sfruttare l'IA per promuovere una forza lavoro più connessa, produttiva e collaborativa.

La personalizzazione degli strumenti di IA per soddisfare le esigenze specifiche degli ambienti di lavoro ibridi è un passo fondamentale per garantire che queste tecnologie supportino efficacemente sia il lavoro in remoto che quello in ufficio. La personalizzazione delle applicazioni di IA implica la comprensione delle sfide e dei requisiti specifici degli ambienti ibridi e l'adattamento della tecnologia per soddisfare tali esigenze. Una strategia chiave consiste nell'identificare i punti critici e gli obiettivi specifici di un modello di lavoro ibrido. Ad esempio, se la sfida principale è mantenere la coesione del team, si potrebbe dare priorità agli strumenti di IA che facilitano l'interazione e la collaborazione del team. D'altro canto, se l'obiettivo è la produttività e la gestione del flusso di lavoro, le applicazioni di IA che automatizzano le attività di routine e ottimizzano la gestione dei progetti potrebbero essere più utili.

Analizzare l'efficacia degli strumenti di IA sia in remoto che in ufficio è fondamentale. Gli strumenti di IA devono fornire valore in ambienti di lavoro diversi. Ad esempio, gli strumenti di comunicazione basati sull'IA devono essere altrettanto efficaci nel facilitare le riunioni virtuali quanto nel migliorare le interazioni di persona con gli ausili digitali. Allo stesso modo, l'intelligenza artificiale per la gestione dei progetti deve integrare senza problemi le attività e gli aggiornamenti tra i dipendenti in remoto e in ufficio.

I casi di studio di organizzazioni che hanno adattato con successo gli strumenti di IA ai loro ambienti ibridi offrono spunti preziosi. Ad esempio, un'azienda tecnologica potrebbe utilizzare strumenti di analisi basati sull'IA per monitorare e analizzare i modelli di flusso di lavoro, identificando i colli di bottiglia che si verificano in ambienti di lavoro remoti e utilizzando queste informazioni per migliorare i processi. Un altro esempio potrebbe essere quello di un'azienda di marketing che utilizza strumenti di creazione dei contenuti basati sull'intelligenza artificiale, consentendo ai membri del team di progettare e modificare i materiali in modo collaborativo, indipendentemente dalla loro posizione fisica.

Un altro aspetto importante è la personalizzazione basata sul feedback degli utenti. La regolare richiesta di feedback da parte dei dipendenti sull'efficacia e l'usabilità degli strumenti di IA può fornire indicazioni su come questi strumenti possano essere meglio adattati per soddisfare le esigenze di una forza lavoro ibrida. L'iterazione continua basata su questo feedback può migliorare significativamente l'utilità delle applicazioni di IA in un ambiente ibrido.

Anche la formazione e l'assistenza sono fondamentali per una personalizzazione efficace. I dipendenti devono ricevere una formazione adeguata per utilizzare efficacemente gli strumenti di IA. Ciò include non solo la formazione tecnica, ma anche indicazioni su come integrare questi strumenti nei processi di lavoro quotidiani per massimizzare i benefici.

La personalizzazione degli strumenti di IA per gli ambienti ibridi implica l'identificazione delle esigenze specifiche del luogo di lavoro, la garanzia dell'efficacia di questi strumenti in diversi contesti lavorativi, l'apprendimento da casi di studio di successo, l'incorporazione del feedback degli utenti e la fornitura di formazione e assistenza complete. Adottando queste strategie, le organizzazioni possono adattare le applicazioni di IA per migliorare efficacemente i loro modelli di lavoro ibridi, con conseguente aumento dell'efficienza, della produttività e della soddisfazione dei dipendenti.

La formazione e l'adattamento sono fondamentali per il successo dell'integrazione dell'IA nei modelli di lavoro ibridi, soprattutto considerando le diverse competenze tecnologiche dei membri del team. Una formazione adeguata garantisce che tutti i dipendenti possano utilizzare efficacemente gli strumenti di IA, massimizzando così i vantaggi che queste tecnologie apportano all'ambiente di lavoro ibrido.

Per soddisfare le esigenze di formazione dei dipendenti sono necessari diversi passaggi chiave:

1. Valutazione dei livelli di competenza: Prima di implementare i programmi di formazione, è importante valutare gli attuali livelli di alfabetizzazione all'intelligenza artificiale e di competenze tecnologiche della forza lavoro. Questa valutazione aiuta ad adattare la formazione alle diverse esigenze dei vari membri del team.
2. Programmi di formazione personalizzati: Sulla base della valutazione delle competenze, le organizzazioni devono sviluppare programmi di formazione personalizzati. Questi programmi possono andare dall'orientamento all'IA e alla

tecnologia di base per i principianti alla formazione più avanzata per i dipendenti esperti di tecnologia. È fondamentale garantire che la formazione sia pertinente e applicabile ai ruoli e alle funzioni specifiche dei dipendenti.

3. Metodi di apprendimento interattivi e coinvolgenti: Incorporare un mix di metodi di formazione, come workshop, webinar, moduli interattivi di e-learning e sessioni pratiche, può soddisfare diversi stili di apprendimento. Anche la gamification e gli scenari di vita reale possono rendere il processo di apprendimento più coinvolgente ed efficace.

4. Apprendimento e supporto continui: L'intelligenza artificiale e il panorama tecnologico sono in continua evoluzione. Fornire opportunità e risorse di apprendimento continuo, come l'accesso a corsi online, conferenze tecniche e forum, può aiutare i dipendenti a rimanere aggiornati sugli ultimi progressi.

5. Mentorship e apprendimento tra pari: L'istituzione di un programma di mentorship o di gruppi di apprendimento tra pari in cui i dipendenti più esperti di tecnologia guidano gli altri può essere un modo efficace per promuovere una cultura di apprendimento e collaborazione.

6. Incoraggiare la sperimentazione: Creare un ambiente in cui i dipendenti si sentano sicuri di sperimentare gli strumenti di IA e di imparare dalle loro esperienze può favorire un adattamento più rapido. Incoraggiare l'esplorazione e non penalizzare gli errori durante il processo di apprendimento è essenziale.

7. Meccanismi di feedback: L'implementazione di canali di feedback in cui i dipendenti possano esprimere le loro preoccupazioni, le loro sfide e i loro suggerimenti in merito agli strumenti di IA e alla formazione può aiutare le organizzazioni a perfezionare il loro approccio e ad affrontare eventuali problemi in corso.

8. Coinvolgimento e supporto della leadership: Il sostegno della leadership è fondamentale per il successo dell'integrazione dell'IA. I dirigenti devono sostenere attivamente e partecipare ai programmi di formazione per dimostrare l'impegno dell'organizzazione nell'adozione dell'IA.

9. Comunicazione dei vantaggi: Comunicare chiaramente i vantaggi dell'integrazione dell'IA, come una maggiore efficienza, una gestione più semplice delle attività e un migliore processo decisionale, può motivare i dipendenti ad accettare il cambiamento.

10. Considerazioni sull'accessibilità: Garantire che gli strumenti di formazione e di IA siano accessibili a tutti i dipendenti, compresi quelli con disabilità, è fondamentale per un'adozione inclusiva.

Per facilitare l'adozione delle tecnologie di IA in un ambiente di lavoro ibrido è necessario un approccio formativo completo e continuo, che tenga conto dei diversi livelli di competenza, incoraggi la sperimentazione e fornisca supporto e risorse costanti. Con queste best practice, le organizzazioni possono preparare efficacemente la propria forza lavoro a sfruttare gli strumenti di IA, migliorando la produttività e l'innovazione nell'ambiente di lavoro ibrido.

Nelle culture lavorative ibride, bilanciare l'automazione dell'IA con l'interazione umana e l'intuizione è un compito sfumato e critico. Il ruolo dell'IA è più vantaggioso quando integra le capacità umane piuttosto che sostituirle. Questo equilibrio è essenziale per creare un ambiente di lavoro che sfrutti i punti di forza dell'IA e dei dipendenti umani.

L'integrazione dell'IA dovrebbe concentrarsi sulle aree in cui può apportare il massimo valore, che in genere riguardano compiti ripetitivi e che richiedono molto tempo. Automatizzando questi aspetti, l'IA può liberare i dipendenti umani per concentrarsi sugli elementi strategici, creativi e interpersonali del loro lavoro. Non si tratta di sostituire il processo decisionale umano, ma di migliorarlo. L'analisi dei dati guidata dall'IA, ad esempio, può fornire intuizioni preziose, ma i giudizi finali devono comunque sfruttare l'esperienza e l'intuizione umana.

La creazione di un rapporto di collaborazione tra AI e lavoratori umani ottimizza l'efficienza e l'innovazione. L'IA può gestire la raccolta e l'analisi iniziale dei dati, mentre i dipendenti umani interpretano i risultati, applicando sfumature e contesto. La formazione dei dipendenti a questo approccio collaborativo garantisce la comprensione dei punti di forza e dei limiti dell'IA.

Anche le considerazioni etiche, in particolare l'attenuazione dei pregiudizi negli algoritmi di IA, sono fondamentali. Lo sviluppo di sistemi di IA trasparenti e corretti garantisce il sostegno di valori incentrati sull'uomo, come l'empatia e il giudizio etico. Nonostante la comodità dell'IA e degli strumenti di comunicazione digitale, le opportunità di interazione in tempo reale sono essenziali per mantenere la coesione del team e il senso di comunità. Investire nello sviluppo dei dipendenti in aree in cui le competenze umane sono insostituibili, come la leadership e la creatività, garantisce che la forza lavoro rimanga preziosa e rilevante. Le organizzazioni dovrebbero valutare regolarmente l'impatto dell'IA sulla loro forza lavoro, apportando modifiche per garantire che l'automazione dell'IA rafforzi piuttosto che diminuire il ruolo dell'interazione umana sul posto di lavoro.

Mantenere un equilibrio tra l'automazione dell'IA e l'interazione umana in un ambiente di lavoro ibrido richiede un approccio ponderato. Si tratta di sfruttare l'IA per aumentare il lavoro umano, migliorare il processo decisionale, promuovere la collaborazione e garantire che la forza lavoro sia equipaggiata per lavorare efficacemente con l'IA. Questo equilibrio è fondamentale per sfruttare appieno il potenziale dell'IA nel supportare e aumentare la forza lavoro umana in ambienti ibridi.

L'integrazione dell'IA in modelli di lavoro ibridi comporta una serie di preoccupazioni etiche, in particolare per quanto riguarda la privacy e la sicurezza dei dati. La gestione di questi problemi richiede un approccio ponderato e strategico per garantire un uso etico dell'IA. Una delle principali preoccupazioni etiche è la protezione della privacy dei dipendenti. I sistemi di IA spesso richiedono l'accesso a grandi quantità di dati, alcuni dei quali possono essere personali o sensibili. È fondamentale garantire che questi dati vengano raccolti, archiviati e utilizzati in modo da rispettare la privacy dei dipendenti e le leggi sulla protezione dei dati. Ciò comporta l'implementazione di solide politiche di governance dei dati, soluzioni di archiviazione sicure e linee guida chiare sull'utilizzo dei dati.

Un'altra preoccupazione riguarda la trasparenza e l'equità dei sistemi di IA. C'è il rischio di pregiudizi negli algoritmi di IA, che possono portare a risultati ingiusti o discriminatori. Per affrontare questo problema, le organizzazioni devono dare priorità allo sviluppo di sistemi di IA trasparenti e responsabili. Ciò può essere ottenuto coinvolgendo team eterogenei nello sviluppo e nel test dei sistemi di IA, conducendo verifiche periodiche per verificare la presenza di pregiudizi ed equità e garantendo la trasparenza del modo in cui i sistemi di IA prendono le decisioni. Anche la sicurezza dei dati è una preoccupazione etica fondamentale. Con l'aumento dell'uso dell'IA e degli strumenti basati sul cloud nei modelli di lavoro ibridi, la salvaguardia contro le violazioni dei dati e le minacce informatiche diventa fondamentale. Le organizzazioni dovrebbero investire in misure avanzate di cybersecurity, aggiornare regolarmente i sistemi e formare i dipendenti sulle migliori pratiche di cybersecurity.

Anche il coinvolgimento e il consenso dei dipendenti sono considerazioni etiche importanti. I dipendenti devono essere informati su come i sistemi di IA vengono utilizzati sul loro posto di lavoro e sulle implicazioni per il loro lavoro. La ricerca del consenso dei dipendenti, soprattutto nei casi in cui gli strumenti di IA vengono utilizzati per il monitoraggio o la valutazione del lavoro, è fondamentale per mantenere la fiducia. È necessario procedere a una valutazione e a un adattamento etico continui. Con l'evoluzione della tecnologia dell'IA e delle sue applicazioni sul posto di lavoro, devono evolversi anche i quadri etici che ne regolano l'uso. È necessario rivedere e aggiornare regolarmente le politiche e le prassi in materia di IA, tenendo conto degli ultimi progressi tecnologici e delle linee guida etiche.

Garantire l'uso etico dell'IA in un ambiente di lavoro ibrido implica la protezione della privacy dei dipendenti, la garanzia della trasparenza e dell'equità dei sistemi di IA, il mantenimento della sicurezza dei dati, il coinvolgimento e la richiesta di consenso da parte dei dipendenti e una valutazione etica continua. Affrontando queste problematiche in modo strategico, le organizzazioni possono sfruttare i vantaggi dell'IA nei loro modelli di lavoro ibridi, rispettando gli standard etici e mantenendo la fiducia dei dipendenti.

È evidente che l'incorporazione ponderata delle tecnologie di IA può migliorare significativamente l'efficienza, la produttività e l'adattabilità di questi ambienti di lavoro moderni. Questo capitolo ha sottolineato il potenziale dell'IA nel trasformare vari aspetti del lavoro ibrido, dall'automazione delle attività di routine alla facilitazione dell'analisi avanzata dei dati e al miglioramento della comunicazione tra team distribuiti.

I punti chiave di questo capitolo evidenziano che il successo dell'integrazione dell'IA negli ambienti di lavoro ibridi dipende da diversi fattori critici. In primo luogo, è essenziale allineare gli strumenti di IA alle esigenze e alle sfide specifiche dei modelli di lavoro ibridi. Ciò implica la personalizzazione delle applicazioni di IA per migliorare la flessibilità e supportare sia il lavoro in remoto che quello in ufficio. In secondo luogo, è fondamentale mantenere un equilibrio tra l'automazione dell'IA e l'interazione umana. Se da un lato l'IA può ottimizzare l'efficienza, dall'altro il valore unico della creatività umana, dell'intuizione e dell'interazione interpersonale deve rimanere al centro dei processi lavorativi.

Affrontare considerazioni etiche come la privacy, la sicurezza dei dati e la trasparenza è fondamentale per creare fiducia e accettazione tra i dipendenti. Per garantire un uso etico dell'IA è necessario implementare solide strutture di governance dei dati, algoritmi di IA trasparenti e coinvolgere i dipendenti nella conversazione sull'integrazione dell'IA.

Nel passaggio al prossimo capitolo, l'attenzione si sposta sullo sviluppo delle competenze e sulla formazione in un mondo ibrido guidato dall'IA. Il panorama in rapida evoluzione dell'IA sul posto di lavoro richiede una forza lavoro che non sia solo tecnologicamente esperta, ma anche capace di collaborare con gli strumenti di IA. Il prossimo capitolo approfondirà le strategie e le best practice per l'aggiornamento e la riqualificazione dei dipendenti, assicurando che siano equipaggiati per prosperare in un ambiente in cui l'IA gioca un ruolo sempre più significativo. Esploreremo l'intersezione tra alfabetizzazione all'IA, apprendimento continuo e sviluppo professionale, fornendo spunti su come le organizzazioni possono coltivare una forza lavoro competente, adattabile e pronta a sfruttare le opportunità offerte dall'IA in contesti lavorativi ibridi.

Capitolo 10: Sviluppo delle competenze e formazione in un mondo ibrido guidato dall'IA

Nel capitolo 10 ci addentriamo nell'arena critica dello sviluppo delle competenze e della formazione nel contesto di un ambiente di lavoro ibrido guidato dall'IA. Questo capitolo si propone di fornire una panoramica dell'evoluzione del panorama delle competenze, plasmato dall'integrazione dell'IA e dall'adozione di modelli di lavoro ibridi. Sottolinea l'importanza di un duplice approccio allo sviluppo delle competenze, che tenga conto sia dell'alfabetizzazione all'IA sia delle competenze necessarie per lavorare efficacemente da remoto.

L'integrazione dell'IA in ambienti di lavoro ibridi sta cambiando rapidamente la natura del lavoro, portando alla nascita di nuovi ruoli lavorativi e alla trasformazione di quelli esistenti. Questa evoluzione comporta la richiesta di un insieme unico di competenze che i dipendenti devono possedere per prosperare in un ambiente così dinamico. L'alfabetizzazione all'intelligenza artificiale (AI), ossia la comprensione di come funziona l'AI, di come può essere applicata e delle implicazioni delle decisioni in materia, sta diventando sempre più importante. Non si tratta solo di competenze tecniche per far funzionare i sistemi di IA, ma anche di comprendere il contesto più ampio in cui queste tecnologie vengono impiegate.

Parallelamente all'alfabetizzazione all'intelligenza artificiale, cresce l'esigenza di competenze che consentano di lavorare efficacemente a distanza. Queste includono capacità di comunicazione digitale, autogestione, gestione del tempo e capacità di lavorare in modo collaborativo in un ambiente virtuale. In un ambiente ibrido, dove i membri del team non sempre condividono lo spazio fisico, queste competenze sono fondamentali per mantenere la produttività, la collaborazione e la coesione del team.

Il capitolo stabilisce la necessità di un apprendimento continuo e di una capacità di adattamento. Il rapido ritmo dei cambiamenti tecnologici, soprattutto nell'IA, richiede un approccio continuo all'apprendimento e allo sviluppo delle competenze. I dipendenti devono essere dotati non solo delle competenze necessarie al giorno d'oggi, ma anche della capacità di adattarsi e apprendere nuove competenze man mano che gli ambienti di lavoro e la tecnologia continuano a evolversi.

Esploreremo le strategie e le migliori pratiche per coltivare queste competenze essenziali nella forza lavoro. Ciò include l'identificazione delle competenze chiave per il futuro del lavoro, la progettazione di programmi di formazione efficaci, lo sfruttamento della tecnologia per lo sviluppo delle competenze e la promozione di una cultura dell'apprendimento continuo e dell'adattabilità. Il capitolo si propone di fornire indicazioni su come le organizzazioni possono sviluppare una forza lavoro che non sia solo competente negli aspetti tecnici dell'IA, ma anche abile a destreggiarsi tra le sfumature degli ambienti di lavoro ibridi.

In un ambiente di lavoro ibrido guidato dall'intelligenza artificiale, l'aggiornamento della forza lavoro diventa un aspetto fondamentale per mantenere il vantaggio competitivo e l'efficienza operativa. Le competenze essenziali richieste in questi ambienti vanno oltre le tradizionali competenze specifiche del lavoro e includono l'alfabetizzazione all'intelligenza artificiale e le capacità di lavoro a distanza.

L'alfabetizzazione all'IA sta diventando sempre più importante in tutti i ruoli e livelli lavorativi, non solo in quelli direttamente coinvolti nella tecnologia. Comprendere le basi dell'IA, il modo in cui può essere applicata nel proprio settore di lavoro e le implicazioni etiche delle decisioni in materia di IA è fondamentale per tutti i dipendenti. Questa alfabetizzazione consente di avere una forza lavoro più informata e impegnata, in grado di sfruttare efficacemente gli strumenti di IA e di contribuire alle discussioni e alle decisioni relative all'IA all'interno dell'organizzazione.

L'importanza dell'alfabetizzazione all'IA va oltre le conoscenze tecniche e comprende la comprensione di come l'integrazione dell'IA influisca sul flusso di lavoro, sulle interazioni con i clienti e sui processi decisionali. I dipendenti a tutti i livelli devono essere a proprio agio nell'interagire con gli strumenti dell'IA, nell'interpretare le intuizioni che ne derivano e nel comprendere i limiti della tecnologia dell'IA.

Oltre all'alfabetizzazione all'intelligenza artificiale, lo sviluppo di competenze per il lavoro a distanza è altrettanto importante in un ambiente di lavoro ibrido con l'intelligenza artificiale. Ciò include competenze quali:

- Comunicazione digitale: Una comunicazione efficace in un ambiente remoto non si limita all'invio di e-mail o messaggi. Richiede la comprensione di come comunicare in modo chiaro ed efficace su varie piattaforme digitali, adattando il proprio stile di comunicazione a diversi mezzi e assicurando che i messaggi chiave siano trasmessi e compresi nonostante la mancanza di segnali fisici.

- Autogestione: Il lavoro a distanza spesso richiede un maggior grado di autodisciplina e motivazione. Le abilità nella gestione del tempo, nella definizione delle priorità e nella definizione degli obiettivi di lavoro personali sono fondamentali. I dipendenti devono essere in grado di gestire efficacemente il proprio carico di lavoro senza la presenza costante di supervisori o la struttura di un ufficio tradizionale.

- Collaborazione virtuale: La capacità di lavorare efficacemente con un team che non è fisicamente in sede è fondamentale. Ciò include l'uso di strumenti di collaborazione, la partecipazione a riunioni di team virtuali in modo produttivo e la capacità di collaborare a progetti in modo asincrono.

Lo sviluppo di queste competenze implica un mix di formazione formale e apprendimento esperienziale. I programmi di formazione formale, di persona o online, possono fornire ai dipendenti conoscenze e competenze fondamentali. L'apprendimento esperienziale, come il lavoro su progetti interfunzionali o la partecipazione a esercizi virtuali di team building, può aiutare i dipendenti ad applicare queste competenze in scenari reali.

Le organizzazioni dovrebbero anche fornire risorse e strumenti che facilitino lo sviluppo di queste competenze. Ad esempio, l'accesso a corsi online sull'IA e sulla comunicazione digitale, piattaforme che consentono la collaborazione virtuale e strumenti per una gestione efficace del tempo possono aiutare i dipendenti ad acquisire e affinare queste competenze essenziali.

L'aggiornamento delle competenze per un ambiente di lavoro ibrido-AI implica un'attenzione particolare sia all'alfabetizzazione all'IA che alle competenze di lavoro a distanza. Identificando e sviluppando queste competenze essenziali, le organizzazioni possono garantire che la loro forza lavoro sia equipaggiata per affrontare le complessità e sfruttare le opportunità offerte dagli ambienti di lavoro ibridi guidati dall'IA.

Lo sviluppo di programmi di formazione efficaci per un ambiente di lavoro ibrido-AI implica la creazione di un curriculum che affronti l'interazione unica tra tecnologia avanzata e modalità di lavoro flessibili. Questi programmi devono soddisfare le diverse esigenze dei dipendenti, che variano per livelli di competenza e ruoli, e utilizzare varie metodologie di formazione per massimizzare l'apprendimento e il coinvolgimento.

1. Valutazione dei bisogni: Il primo passo per creare programmi di formazione efficaci consiste nel condurre una valutazione approfondita delle esigenze. Si tratta di identificare le competenze e le conoscenze specifiche mancanti relative all'IA e al lavoro ibrido all'interno dell'organizzazione. Sondaggi, interviste e dati sulle prestazioni possono fornire indicazioni sui punti in cui la formazione è più necessaria.

2. Metodologie di formazione diverse: Date le diverse preferenze di apprendimento e gli orari dei dipendenti in un luogo di lavoro ibrido, è importante utilizzare un mix di metodologie di formazione. Le piattaforme di apprendimento online offrono flessibilità e possono fornire un'ampia gamma di corsi sulla tecnologia AI, sulla comunicazione digitale e sulla collaborazione a distanza. I workshop, virtuali o di persona, possono facilitare esperienze di apprendimento più interattive e pratiche. Le opportunità di apprendimento esperienziale, come l'apprendimento basato su progetti o esercizi di simulazione, possono aiutare i dipendenti ad applicare le nuove competenze in scenari reali.

3. Personalizzazione dei contenuti formativi: I contenuti della formazione devono essere personalizzati per soddisfare le diverse esigenze dei vari gruppi di dipendenti. Ad esempio, i team tecnici potrebbero richiedere una formazione più approfondita sulle funzionalità dell'IA e sull'analisi dei dati, mentre il personale non tecnico potrebbe beneficiare maggiormente di corsi sulle applicazioni dell'IA nelle loro specifiche aree di lavoro e di un'alfabetizzazione digitale generale. La formazione dei dirigenti potrebbe concentrarsi sulla gestione di team remoti e sull'integrazione dell'IA nella pianificazione strategica.

4. Approcci di apprendimento misto: La combinazione di apprendimento online autogestito e sessioni con istruttore può soddisfare diversi stili di apprendimento e rafforzare gli obiettivi di apprendimento. Gli approcci di apprendimento misto consentono inoltre ai dipendenti di apprendere le nozioni di base al proprio ritmo e poi di approfondire gli argomenti attraverso sessioni interattive.

5. Apprendimento e supporto continui: La formazione non deve essere un evento unico, ma parte di una cultura di apprendimento continuo. Aggiornamenti regolari dei programmi di formazione, corsi di aggiornamento e supporto continuo, come sessioni di domande e risposte, forum o helpdesk dedicati, possono aiutare i dipendenti a tenersi al

passo con i progressi tecnologici e le pratiche di lavoro in evoluzione.

6. Misurare l'efficacia della formazione: La valutazione dell'efficacia dei programmi di formazione è essenziale. Questo può essere fatto attraverso valutazioni, quiz, valutazioni pratiche e sondaggi di feedback. Anche il monitoraggio dell'applicazione delle competenze sul posto di lavoro e dell'impatto sulle prestazioni può fornire indicazioni preziose sull'efficacia del programma di formazione.

7. Promuovere una cultura dell'apprendimento: È fondamentale incoraggiare una cultura che valorizzi l'apprendimento continuo e lo sviluppo delle competenze. Ciò può essere favorito dall'appoggio della leadership, riconoscendo e premiando i risultati dell'apprendimento e creando piattaforme per la condivisione delle conoscenze tra i dipendenti.

La creazione di programmi di formazione efficaci per un ambiente di lavoro ibrido-AI richiede un approccio strategico e completo, con l'impiego di diverse metodologie, la personalizzazione dei contenuti per le varie esigenze e la promozione di un ambiente di apprendimento e adattamento continui. In questo modo, le organizzazioni possono garantire che la loro forza lavoro sia ben equipaggiata per navigare nel panorama in evoluzione del lavoro ibrido guidato dall'IA.

In un ambiente di lavoro ibrido con l'Intelligenza Artificiale, lo sviluppo della leadership assume nuove dimensioni, richiedendo una miscela sfumata di competenze tecniche e capacità avanzate di gestione delle persone. Una leadership efficace in questi contesti è caratterizzata dalla capacità di sfruttare l'intelligenza artificiale per prendere decisioni intelligenti, gestire team geograficamente dispersi, promuovere l'innovazione e mantenere una cultura di squadra coesa.

La formazione dei leader per sfruttare gli strumenti di IA per prendere decisioni basate sui dati è un aspetto critico di questo sviluppo. I leader devono comprendere non solo il funzionamento tecnico dei sistemi di IA, ma anche come interpretare e applicare le informazioni che questi sistemi forniscono per prendere decisioni strategiche. Questa competenza è essenziale per navigare nel panorama ricco di dati dei moderni ambienti aziendali.

La gestione di team distribuiti in una configurazione ibrida è un'altra area chiave di attenzione. Ciò richiede che i leader padroneggino l'arte della comunicazione digitale e sviluppino strategie di costruzione della fiducia che superino i confini fisici. Si tratta di mantenere i membri dei team remoti impegnati, motivati e connessi, nonostante la mancanza di interazioni faccia a faccia. I leader devono essere abili nel riconoscere e rispondere alle sfide uniche che i lavoratori a distanza devono affrontare.

È inoltre fondamentale promuovere una cultura dell'innovazione in un ambiente di lavoro ibrido con l'IA. I leader devono creare un ambiente in cui siano incoraggiati il pensiero creativo e la sperimentazione, utilizzando l'IA per scoprire nuove intuizioni e opportunità. Incoraggiare i membri del team a condividere liberamente le idee e abbracciare una cultura della sperimentazione è fondamentale per questo processo. Garantire la coesione del team in un ambiente ibrido è un delicato gioco di equilibri. I leader devono implementare strategie che favoriscano il senso di appartenenza e l'unità del team, sia attraverso regolari esercizi di team building virtuale, sia con incontri informali online, sia garantendo l'inclusività in tutte le interazioni del team. L'obiettivo è sostenere una forte dinamica di squadra, indipendentemente dalla posizione fisica dei membri del team.

È inoltre necessario adattare gli stili di leadership per adattarli meglio all'ambiente ibrido-AI. I leader potrebbero dover passare da approcci tradizionali di comando e controllo a stili più collaborativi e facilitativi. La responsabilizzazione dei team, la delega efficace e la fornitura di una guida di supporto sono componenti chiave di questo stile di leadership adattivo. Le considerazioni etiche sull'uso dell'IA sono un altro aspetto importante dello sviluppo della leadership. I leader devono essere consapevoli dei potenziali pregiudizi dei sistemi di IA, delle implicazioni più ampie dell'IA sull'occupazione e dell'uso etico dell'IA nei processi decisionali.

Data la natura in continua evoluzione delle tecnologie di intelligenza artificiale e delle strategie di lavoro ibride, per i leader di questi ambienti è essenziale un impegno di apprendimento e adattamento continuo. Rimanere al passo con gli ultimi progressi tecnologici e con l'evoluzione delle pratiche di lavoro garantisce ai leader di rimanere efficaci e rilevanti in questo panorama dinamico.

Una leadership efficace in un contesto ibrido-AI ha molte sfaccettature e comprende la comprensione tecnica, la gestione delle persone, l'innovazione, la coesione del team, le considerazioni etiche e l'impegno nell'apprendimento continuo. Coltivando queste diverse abilità e qualità, i leader possono guidare con successo le loro organizzazioni attraverso le complessità di un ambiente di lavoro ibrido-AI.

Nell'attuale panorama lavorativo in rapida evoluzione, soprattutto negli ambienti ibridi-AI, l'importanza di coltivare una cultura dell'apprendimento continuo è fondamentale. Questa cultura è fondamentale per adattarsi ai continui progressi tecnologici e ai cambiamenti nelle pratiche di lavoro. Si tratta di creare un ambiente in cui l'apprendimento e lo sviluppo delle competenze non sono solo incoraggiati, ma sono parte integrante del tessuto organizzativo.

Una cultura dell'apprendimento nel luogo di lavoro moderno trascende gli approcci formativi tradizionali. Significa mettere a disposizione dei dipendenti risorse di apprendimento diversificate e facilmente accessibili, tra cui corsi online, sessioni di formazione interne, workshop e materiali didattici, che rispondono a diversi stili ed esigenze di apprendimento. Tuttavia, non si tratta solo di rendere disponibili le risorse, ma anche di promuovere una mentalità in cui i dipendenti siano motivati a farsi carico del proprio apprendimento. Ciò potrebbe comportare iniziative come l'offerta di borse di studio, l'assegnazione di tempo di lavoro per lo sviluppo personale e il riconoscimento degli sforzi di apprendimento auto-diretto.

L'integrazione dell'apprendimento direttamente nei processi lavorativi è un altro aspetto fondamentale. Quando le opportunità di formazione e sviluppo sono integrate nelle attività e nei progetti quotidiani, l'apprendimento diventa una parte naturale del lavoro. Per esempio, incorporare sessioni di condivisione delle competenze nelle riunioni di gruppo o inserire componenti di apprendimento nei resoconti dei progetti può rafforzare questa integrazione.

La leadership svolge un ruolo fondamentale nel promuovere e modellare questa cultura. Quando i leader si impegnano attivamente nel proprio sviluppo professionale e condividono apertamente le loro esperienze di apprendimento, costituiscono un esempio potente per il team. I leader non devono solo incoraggiare i loro team a perseguire opportunità di apprendimento, ma anche creare un ambiente che valorizzi e sostenga questi sforzi.

Anche la creazione di comunità di apprendimento all'interno dell'organizzazione può migliorare la cultura dell'apprendimento. L'istituzione di gruppi di apprendimento tra pari, di programmi di mentoring e di incontri regolari per la condivisione delle conoscenze può facilitare l'apprendimento collaborativo e lo scambio di conoscenze, favorendo un senso di comunità intorno all'apprendimento.

Riconoscere e premiare i risultati dell'apprendimento e dello sviluppo agisce anche come un forte motivatore. Che si tratti di riconoscimenti formali durante le valutazioni delle prestazioni, di premi per i risultati dell'apprendimento o di riconoscimenti casuali durante le riunioni, la celebrazione dell'apprendimento favorisce un ciclo di rinforzo positivo.

Un approccio reattivo al feedback sulle iniziative di apprendimento è fondamentale. Raccogliere regolarmente i feedback e agire di conseguenza garantisce che i programmi e le risorse di apprendimento rimangano pertinenti, efficaci e allineati alle esigenze dei dipendenti e agli obiettivi organizzativi.

La costruzione di una cultura dell'apprendimento continuo in un ambiente di lavoro ibrido-AI non si limita a fornire risorse, ma incoraggia l'apprendimento autonomo, l'integrazione dell'apprendimento nel lavoro, l'approvazione della leadership, la promozione di comunità di apprendimento, il riconoscimento dei risultati e l'adattamento in base al feedback. Questo approccio non solo prepara i dipendenti a stare al passo con l'evoluzione delle esigenze lavorative, ma coltiva anche un ambiente di lavoro che valorizza la crescita, l'innovazione e l'adattabilità.

Valutare l'impatto e l'efficacia delle iniziative di formazione in un ambiente di lavoro ibrido-AI è un processo multiforme che comprende vari metodi e approcci. È essenziale combinare valutazioni quantitative e qualitative per ottenere una comprensione completa di quanto questi programmi stiano raggiungendo i loro obiettivi. Le misure quantitative, come i tassi di completamento e i punteggi dei test, offrono dati tangibili sull'impegno e la comprensione dei discenti. Allo stesso tempo, le valutazioni qualitative attraverso il feedback dei partecipanti forniscono indicazioni più approfondite sulla rilevanza e sull'applicabilità della formazione sul posto di lavoro.

I meccanismi di feedback svolgono un ruolo cruciale in questo processo di valutazione. La raccolta di feedback da parte dei partecipanti attraverso sondaggi, focus group o interviste post-formazione è preziosa per comprendere l'efficacia della formazione. Questo feedback non dovrebbe essere raccolto solo subito dopo il programma, ma anche dopo un periodo in cui i partecipanti hanno avuto la possibilità di applicare quanto appreso nel loro lavoro quotidiano. Questo feedback longitudinale aiuta a valutare l'impatto reale della formazione.

Anche l'osservazione e il monitoraggio sul posto di lavoro sono fondamentali per misurare l'efficacia dei programmi di formazione. Supervisori e manager possono osservare i cambiamenti nelle prestazioni e nell'applicazione delle nuove competenze, offrendo spunti pratici per capire come la formazione si traduca in un miglioramento delle pratiche lavorative.

L'analisi del ritorno sull'investimento (ROI) è particolarmente utile per i programmi di formazione più completi. Questa analisi esamina i benefici della formazione rispetto ai costi, considerando fattori come l'aumento della produttività, il miglioramento della qualità e la riduzione di errori o inefficienze.

Il principio del miglioramento continuo è fondamentale per il successo delle iniziative di formazione. I programmi di formazione non devono essere statici, ma devono evolversi continuamente in base ai feedback, ai progressi tecnologici e ai cambiamenti nei ruoli lavorativi. Le revisioni e gli aggiornamenti regolari dei materiali, delle metodologie e dei contenuti della formazione assicurano che i programmi rimangano pertinenti ed efficaci.

La valutazione dell'impatto a lungo termine della formazione sulla progressione di carriera e sulla fidelizzazione dei dipendenti può offrire ulteriori spunti di riflessione. Il monitoraggio dei percorsi di carriera dei dipendenti che hanno seguito una formazione può evidenziare il ruolo di questi programmi nel favorire lo sviluppo e la soddisfazione dei dipendenti. Il benchmarking rispetto agli standard di settore o ai colleghi può fornire una prospettiva esterna sull'efficacia dei programmi di formazione. Questo confronto può aiutare a identificare le aree in cui la formazione eccelle o è insufficiente, offrendo un punto di riferimento per il miglioramento continuo. Misurare l'efficacia della formazione in un ambiente di lavoro ibrido-AI è un processo continuo che richiede un mix di strategie di valutazione immediate e a lungo termine, che comprendano sia dati concreti che feedback qualitativi. Questo approccio completo garantisce che i programmi di formazione non solo soddisfino le esigenze attuali, ma siano anche in grado di adattarsi ed evolversi con il mutare del panorama lavorativo.

Nello sviluppo delle competenze per un ambiente di lavoro ibrido-AI, gli esempi reali di varie organizzazioni forniscono indicazioni preziose sulle strategie efficaci e sulle migliori pratiche. Questi casi di studio illustrano come diverse aziende hanno affrontato le sfide dell'aggiornamento dei dipendenti in un ambiente in cui coesistono progressi tecnologici e modalità di lavoro flessibili.

Un esempio è quello di un'azienda tecnologica globale che ha lanciato un ampio programma di alfabetizzazione all'IA per tutti i suoi dipendenti. L'iniziativa comprendeva una serie di corsi online, workshop e seminari interattivi progettati per migliorare la comprensione delle tecnologie AI e delle loro applicazioni in varie aree aziendali. Il successo del programma è stato segnato da un aumento significativo del coinvolgimento dei dipendenti e dall'applicazione pratica delle competenze di IA nei progetti, che ha portato a soluzioni più innovative e a flussi di lavoro più efficienti.

Un altro caso di studio riguarda una società di servizi finanziari che si è concentrata sullo sviluppo di competenze di lavoro a distanza tra il proprio personale. Riconoscendo le sfide della gestione di team distribuiti, l'azienda ha implementato una serie di sessioni di formazione virtuale volte a migliorare la comunicazione digitale, la gestione dei progetti e le capacità di collaborazione. Il programma comprendeva anche mentorship virtuale e gruppi di apprendimento tra pari per facilitare la condivisione delle conoscenze e promuovere un ambiente di apprendimento di supporto. Le valutazioni successive alla formazione hanno indicato un miglioramento della collaborazione e della produttività del team, e i dipendenti hanno riferito di avere maggiore fiducia nella gestione del modello di lavoro ibrido.

Un'organizzazione di vendita al dettaglio fornisce un altro esempio convincente. Di fronte all'esigenza di integrare l'IA nelle operazioni di assistenza ai clienti, l'azienda ha sviluppato un programma di formazione su misura per il personale tecnico e non tecnico. Il programma comprendeva nozioni di base sull'IA, considerazioni etiche e strategie di coinvolgimento dei clienti con strumenti di IA. La formazione non solo ha fornito ai dipendenti le competenze necessarie, ma ha anche promosso una cultura dell'uso etico dell'IA, migliorando la soddisfazione dei clienti e la fiducia nel marchio.

Da questi casi di studio emergono diverse lezioni chiave e best practice. In primo luogo, non si può sopravvalutare l'importanza di adattare i programmi di formazione alle esigenze specifiche dell'organizzazione e dei suoi dipendenti. La personalizzazione garantisce la pertinenza e aumenta le probabilità di successo nell'applicazione delle competenze sul posto di lavoro. In secondo luogo, la combinazione di varie metodologie formative, come l'apprendimento online e i workshop interattivi, risponde a diversi stili di apprendimento e migliora il coinvolgimento. In terzo luogo, il supporto continuo e le opportunità di applicazione pratica sono fondamentali per il consolidamento delle nuove competenze. Infine, il coinvolgimento della leadership nel processo di formazione, sia come partecipanti che come sponsor, rafforza l'impegno dell'organizzazione verso l'apprendimento continuo e lo sviluppo delle competenze.

Questi esempi reali sottolineano il valore di iniziative di sviluppo delle competenze ben progettate in un ambiente di lavoro ibrido-AI. Attingendo a queste lezioni e best practice, le organizzazioni possono creare programmi di formazione più efficaci che non solo creano le competenze necessarie, ma supportano anche i loro obiettivi strategici più ampi nel panorama del lavoro in evoluzione.

Con la continua evoluzione della tecnologia AI, anticipare le tendenze future dei requisiti di competenza diventa fondamentale per mantenere una forza lavoro competitiva ed efficace. Per essere all'avanguardia nello sviluppo delle competenze e nella preparazione della forza lavoro nel contesto di un panorama tecnologico in continua evoluzione è necessario un approccio proattivo e lungimirante.

La comprensione delle tendenze future dell'IA richiede un occhio attento ai progressi tecnologici e al loro potenziale impatto sui vari settori. Ad esempio, il crescente utilizzo dell'IA nell'automazione potrebbe richiedere una maggiore enfasi sulle competenze relative alla gestione e alla supervisione dell'IA. Allo stesso modo, con l'integrazione dell'IA nei processi decisionali, le competenze nell'interpretazione e nell'elaborazione di giudizi basati sui dati generati dall'IA diventeranno sempre più preziose.

Per prepararsi a questi futuri requisiti di competenze, le organizzazioni possono adottare diverse strategie:

- Monitoraggio continuo del mercato e della tecnologia: È essenziale tenersi aggiornati sugli ultimi sviluppi della tecnologia AI e sulle tendenze del mercato. Questo obiettivo può essere raggiunto attraverso regolari ricerche di settore, partecipando a conferenze tecnologiche e promuovendo connessioni con think tank tecnologici e università.

- Collaborazione con le istituzioni educative: La collaborazione con università e istituti di formazione può fornire l'accesso a programmi di ricerca e formazione all'avanguardia. Queste collaborazioni possono aiutare a progettare programmi di studio allineati alle più recenti esigenze del settore e ai progressi tecnologici.
- Valutazione delle competenze e piani di sviluppo dei dipendenti: Valutando regolarmente le competenze della forza lavoro e creando piani di sviluppo individuali si può garantire che ogni dipendente stia lavorando per acquisire competenze rilevanti per il futuro. Piani di sviluppo su misura, basati sui requisiti lavorativi attuali e sulle tendenze future, garantiscono un approccio più mirato ed efficace allo sviluppo delle competenze.

- Incoraggiare lo sviluppo di competenze interfunzionali: In un ambiente di lavoro guidato dall'intelligenza artificiale, le competenze interfunzionali diventano sempre più importanti. Incoraggiare i dipendenti a sviluppare competenze al di fuori delle loro aree di specializzazione, in particolare nel campo della tecnologia e dell'analisi dei dati, può portare a una forza lavoro più versatile e adattabile.

- Formazione alla leadership: È fondamentale preparare i leader a gestire un ambiente tecnologico in rapida evoluzione. La formazione in aree quali la gestione del cambiamento, la leadership nella trasformazione digitale e l'etica dell'IA consentirà ai leader di guidare efficacemente i loro team attraverso le transizioni tecnologiche.

Prepararsi ai futuri requisiti di competenze in un ambiente di lavoro guidato dall'IA implica un apprendimento e un'adattabilità continui, sia a livello organizzativo che individuale. Anticipando le tendenze future, promuovendo una cultura dell'apprendimento, collaborando con gli istituti di formazione e concentrandosi sullo sviluppo delle competenze attuali e future, le organizzazioni possono essere all'avanguardia nel panorama dinamico dell'IA e della tecnologia.

È chiaro che questo aspetto è fondamentale per le organizzazioni che navigano nella complessità degli ambienti di lavoro moderni. L'integrazione delle tecnologie AI e il passaggio a modelli di lavoro ibridi hanno creato un panorama in cui l'apprendimento continuo, l'adattabilità e l'alfabetizzazione tecnologica sono più cruciali che mai.

L'importanza dello sviluppo delle competenze in questo contesto non può essere sopravvalutata. Poiché l'IA continua a rimodellare la natura del lavoro, i dipendenti devono essere dotati non solo delle competenze tecniche per interagire con i sistemi di IA, ma anche delle soft skills necessarie per prosperare in un ambiente ibrido. Queste includono la capacità di gestire team remoti, di comunicare efficacemente in un ambiente digitale e di mantenere la produttività e il coinvolgimento indipendentemente dalla posizione fisica.

Le strategie chiave per il successo dello sviluppo delle competenze in un mondo ibrido guidato dall'intelligenza artificiale prevedono un approccio proattivo alla formazione, che si concentri sui requisiti di competenza attuali e futuri. Le organizzazioni devono stare al passo con le tendenze tecnologiche, valutare costantemente le competenze della propria forza lavoro e fornire programmi di formazione diversificati e accessibili. L'enfasi sulle competenze trasversali e specifiche dell'IA, la promozione di una cultura dell'apprendimento continuo e la garanzia che la leadership sia attrezzata per gestire queste transizioni sono tutte componenti cruciali.

La formazione non deve essere vista come un evento unico, ma come un processo continuo che si adatta alle esigenze in evoluzione della forza lavoro e dell'organizzazione. Ciò richiede un impegno al miglioramento continuo, meccanismi di feedback regolari e la flessibilità di adattare i programmi di formazione in risposta ai progressi tecnologici e alle mutevoli richieste del mercato.

Nel passaggio al capitolo successivo, l'attenzione si sposta sulla gestione etica all'intersezione tra IA e lavoro ibrido. Questa discussione è fondamentale perché approfondisce le considerazioni e le sfide etiche che si presentano quando si integra l'IA in modelli di lavoro ibridi. Verrà analizzato il modo in cui le organizzazioni possono affrontare queste sfide, assicurando che l'IA venga utilizzata in modo etico, equo e in linea con i valori organizzativi e le norme sociali. L'intersezione tra IA ed etica in un ambiente di lavoro ibrido rappresenta un'area di interesse complessa ma essenziale, cruciale per la costruzione di un ambiente di lavoro sostenibile, responsabile e orientato al futuro.

Capitolo 11: Gestione etica nell'intersezione tra IA e lavoro ibrido

Nel capitolo 11, ci addentriamo nel dominio sfaccettato e intricato della gestione etica all'intersezione tra tecnologia AI e ambienti di lavoro ibridi. Questa introduzione pone le basi per un'esplorazione approfondita delle complessità etiche che sorgono quando i sistemi tecnologici avanzati vengono integrati nei modelli di lavoro moderni e flessibili.

La convergenza dell'IA e dei modelli di lavoro ibridi comporta una serie di sfide e considerazioni etiche uniche. La tecnologia dell'IA, con le sue capacità di elaborazione dei dati, automazione e processo decisionale, offre enormi vantaggi per migliorare l'efficienza e la produttività del posto di lavoro. Tuttavia, questi progressi sollevano anche importanti questioni etiche. Le questioni relative alla privacy dei dati, alla sorveglianza, alla parzialità degli algoritmi e all'impatto dell'IA sui ruoli lavorativi e sul benessere dei dipendenti sono in primo piano.

In un ambiente di lavoro ibrido, dove i confini tra spazi personali e professionali sono sempre più labili, le implicazioni etiche dell'utilizzo dell'IA diventano ancora più evidenti. La gestione della sicurezza dei dati, l'equità delle decisioni prese dall'IA che riguardano i lavoratori remoti e il mantenimento di una cultura del lavoro inclusiva sono solo alcune delle questioni che richiedono un'attenta considerazione.

In questo contesto è fondamentale sottolineare l'importanza della gestione etica. La gestione etica implica non solo il rispetto degli standard e delle normative legali, ma anche la garanzia che l'integrazione dell'IA sul posto di lavoro sia in linea con i più ampi valori organizzativi e i principi etici. Questo approccio è essenziale per mantenere la fiducia, l'integrità e la trasparenza sul posto di lavoro. Favorisce una cultura in cui i dipendenti si sentono apprezzati e rispettati e in cui i vantaggi dell'IA sono bilanciati con l'impegno alla responsabilità etica.

Nel corso di questo capitolo, esploreremo varie strategie e quadri di riferimento per la gestione etica nel contesto dell'IA e del lavoro ibrido. Esamineremo scenari reali, discuteremo le migliori pratiche e approfondiremo come le organizzazioni possono creare un quadro etico che sostenga l'innovazione salvaguardando gli interessi e il benessere di tutte le parti interessate. L'obiettivo è fornire una tabella di marcia per navigare nel panorama etico di una forza lavoro tecnologicamente avanzata e geograficamente dispersa, garantendo un equilibrio armonioso tra progresso tecnologico e integrità etica.

Nell'attuale panorama in cui l'IA e i modelli di lavoro ibridi sono sempre più diffusi, la creazione di quadri etici completi diventa imperativa. Tali quadri fungono da spina dorsale per il processo decisionale e le operazioni, garantendo che l'integrazione dell'IA negli ambienti di lavoro ibridi sia in linea con i valori fondamentali e gli standard etici.

Lo sviluppo di queste linee guida etiche è fondamentale per affrontare le preoccupazioni specifiche che sorgono all'intersezione tra IA e ambienti di lavoro ibridi. La privacy dei dati, ad esempio, è una preoccupazione fondamentale, poiché i sistemi di IA spesso elaborano grandi quantità di dati personali e sensibili. Le organizzazioni devono garantire che questi dati siano gestiti in modo responsabile, con una stretta osservanza delle leggi sulla privacy e un impegno a proteggere le informazioni dei dipendenti.

Un'altra preoccupazione significativa è la sorveglianza. L'uso dell'intelligenza artificiale per monitorare la produttività e il comportamento dei dipendenti, soprattutto in ambienti remoti, solleva questioni etiche relative all'autonomia e alla privacy dei dipendenti. È essenziale trovare un equilibrio in cui l'IA aiuti la gestione del flusso di lavoro senza invadere i confini personali o creare una cultura di sfiducia.

Anche l'equità di trattamento dei dipendenti remoti e in ufficio è un aspetto critico dell'integrazione etica dell'IA. Le decisioni guidate dall'IA, dalla valutazione delle prestazioni all'allocazione delle risorse, devono essere eque e imparziali, garantendo che nessun gruppo di dipendenti sia svantaggiato o favorito in base al luogo di lavoro.

Per creare e implementare questi quadri etici all'interno delle organizzazioni, si può adottare un approccio in più fasi:

1. Coinvolgimento degli stakeholder: Coinvolgere vari stakeholder, tra cui la leadership, le risorse umane, l'IT, i team legali e i dipendenti, nello sviluppo del quadro etico. Questo approccio inclusivo garantisce che vengano prese in considerazione diverse prospettive, portando a linee guida più complete e pratiche.

2. Definire i principi etici fondamentali: Stabilire principi etici chiari che guidino l'uso dell'IA e la gestione di modelli di lavoro ibridi. Questi principi devono riflettere i valori dell'organizzazione e affrontare questioni chiave come la trasparenza, l'equità, la privacy e la responsabilità.

3. Sviluppare politiche e linee guida specifiche: Sulla base dei principi fondamentali, sviluppare politiche e linee guida specifiche. Queste dovrebbero riguardare aspetti quali la gestione dei dati, l'impiego dell'IA, il monitoraggio dei dipendenti e i processi decisionali. Assicurarsi che queste politiche siano chiare, pratiche e allineate agli standard legali.

4. Formazione e comunicazione: Educare i dipendenti e i dirigenti sulle linee guida etiche attraverso programmi di formazione e campagne di comunicazione. La comprensione di queste linee guida è essenziale affinché tutti i soggetti coinvolti possano prendere decisioni informate e agire in modo responsabile.

5. Revisione e adattamento regolari: I quadri etici non devono essere statici. È necessario rivederli e aggiornarli regolarmente per adattarli ai nuovi sviluppi tecnologici, alle modifiche legali e all'evoluzione delle dinamiche sul posto di lavoro. Questo processo dovrebbe prevedere un continuo feedback da parte degli stakeholder e il monitoraggio dell'impatto dell'IA sul luogo di lavoro.

6. Attuazione e applicazione: Mettere in atto meccanismi per implementare e far rispettare queste linee guida etiche. Ciò potrebbe comportare l'integrazione dell'etica nella progettazione dei sistemi di IA, l'istituzione di comitati di supervisione e la creazione di processi di rendicontazione e revisione per garantire la conformità.

La creazione di quadri etici per l'IA e i modelli di lavoro ibridi richiede un approccio ponderato e collaborativo. Richiede la definizione di principi etici fondamentali, lo sviluppo di politiche pratiche, la formazione delle parti interessate e la garanzia di una revisione e di un adattamento continui. Stabilendo e rispettando questi quadri, le organizzazioni possono sfruttare i vantaggi dell'IA e del lavoro ibrido mantenendo l'integrità etica e la fiducia.

La gestione della privacy e della sicurezza dei dati rappresenta una sfida complessa nei contesti lavorativi ibridi, in particolare quelli influenzati dall'intelligenza artificiale. Con la crescente dipendenza dagli strumenti digitali e dai processi decisionali basati sui dati, la salvaguardia delle informazioni sensibili diventa una preoccupazione cruciale. Poiché i dipendenti lavorano da diverse sedi, il rischio di violazioni dei dati e della privacy aumenta, rendendo essenziali solide misure di protezione dei dati.

Le sfide della privacy e della sicurezza dei dati in un ambiente di IA ibrida sono molteplici. I sistemi di IA spesso richiedono l'accesso a grandi quantità di dati, che possono includere informazioni sensibili sui dipendenti e dati aziendali proprietari. Garantire la sicurezza di questi dati mentre vengono utilizzati, archiviati o trasmessi è fondamentale. Inoltre, la possibilità che l'IA esponga inavvertitamente informazioni sensibili o venga manipolata per scopi malevoli aggiunge un ulteriore livello di complessità.

Le migliori pratiche per salvaguardare le informazioni sensibili in ambienti di lavoro distribuiti prevedono una combinazione di soluzioni tecnologiche, formazione dei dipendenti e implementazione di politiche. Dal punto di vista tecnologico, è fondamentale utilizzare metodi di crittografia avanzati, soluzioni di archiviazione cloud sicure e solidi controlli di accesso. L'aggiornamento regolare di questi sistemi e la conduzione di controlli di sicurezza possono aiutare a identificare e correggere le vulnerabilità.

La formazione dei dipendenti è un altro aspetto critico. I lavoratori devono essere istruiti sull'importanza della sicurezza dei dati e sulle migliori pratiche per mantenerla, come riconoscere i tentativi di phishing, proteggere le reti domestiche e gestire in modo sicuro le informazioni sensibili. Sessioni di formazione regolari possono mantenere queste pratiche al centro dell'attenzione.

Anche le considerazioni legali e normative sono parte integrante delle strategie di privacy e sicurezza dei dati. Le organizzazioni devono tenersi informate sulle leggi e le normative che regolano la protezione dei dati, come il Regolamento generale sulla protezione dei dati (GDPR) nell'Unione Europea o il California Consumer Privacy Act (CCPA) negli Stati Uniti. La conformità a queste normative non solo aiuta a evitare sanzioni legali, ma crea anche fiducia nei confronti di clienti e dipendenti.

L'implementazione di chiare politiche sulla privacy dei dati è essenziale. Queste politiche devono delineare le modalità di raccolta, utilizzo, archiviazione e condivisione dei dati, sia all'interno dell'organizzazione che con terze parti. Devono inoltre descrivere in dettaglio i diritti dei dipendenti e dei clienti in merito ai loro dati e le procedure per affrontare le violazioni dei dati.

La gestione della privacy e della sicurezza dei dati in un ambiente di lavoro ibrido-AI richiede un approccio completo che combini le salvaguardie tecnologiche, la formazione dei dipendenti, l'adesione ai requisiti legali e normativi e politiche organizzative chiare. Dando priorità alla privacy e alla sicurezza dei dati, le organizzazioni possono proteggere le informazioni sensibili e mantenere la fiducia dei propri dipendenti e clienti in un ambiente di lavoro sempre più digitale e guidato dai dati.

Affrontare i problemi di sorveglianza e monitoraggio in un ambiente di lavoro ibrido, soprattutto quando sono coinvolti strumenti guidati dall'IA, richiede un attento esame delle implicazioni etiche. L'uso dell'IA per il monitoraggio dei dipendenti è cresciuto in modo significativo, offrendo ai datori di lavoro capacità senza precedenti per sorvegliare e analizzare la produttività e il comportamento dei lavoratori. Tuttavia, ciò solleva serie questioni etiche riguardanti la privacy e l'autonomia dei dipendenti.

Le implicazioni etiche del monitoraggio dei dipendenti attraverso gli strumenti di intelligenza artificiale sono molteplici. Da un lato, questi strumenti possono fornire preziose informazioni sui modelli di lavoro e sulla produttività, contribuendo all'allocazione delle risorse e alla gestione delle prestazioni. D'altro canto, un monitoraggio eccessivo può portare a una cultura della sfiducia, violando potenzialmente la privacy dei dipendenti e creando un ambiente di lavoro stressante.

Bilanciare la necessità di sorveglianza con il rispetto della privacy e dell'autonomia dei dipendenti è un atto delicato. I datori di lavoro devono trovare il giusto equilibrio tra i legittimi interessi aziendali nel monitorare le prestazioni lavorative e il rispetto dei limiti personali dei dipendenti. Questo equilibrio è fondamentale per mantenere un ambiente di lavoro positivo e fiducioso.

Lo sviluppo di strategie per pratiche di monitoraggio trasparenti ed etiche comporta diverse considerazioni chiave:

- Comunicazione e politiche chiare: I datori di lavoro devono comunicare chiaramente ai dipendenti la portata e lo scopo del monitoraggio. Questa comunicazione deve includere cosa viene monitorato, come verranno utilizzati i dati e le misure in atto per proteggere la privacy dei dipendenti. Stabilire politiche chiare sulle pratiche di monitoraggio assicura che i dipendenti siano pienamente informati e possano fornire un consenso informato.

- Limitare la portata del monitoraggio: Il monitoraggio deve essere limitato a quanto necessario per scopi aziendali legittimi. È importante evitare metodi eccessivamente invasivi e concentrarsi sulle metriche di prestazione pertinenti alle responsabilità lavorative. I datori di lavoro devono astenersi dal monitorare attività e dati personali non correlati alle mansioni lavorative.

- Coinvolgimento dei dipendenti nello sviluppo delle politiche: Coinvolgere i dipendenti nello sviluppo delle politiche di monitoraggio può contribuire a garantire che tali politiche siano eque e rispettose. Il feedback dei dipendenti può fornire indicazioni preziose su ciò che viene considerato accettabile ed efficace per il monitoraggio.

- Revisione e supervisione regolari: È essenziale rivedere regolarmente le pratiche di monitoraggio e il loro impatto sui dipendenti. Questo processo di revisione può aiutare a identificare se le pratiche di monitoraggio devono essere modificate per rispettare meglio la privacy e l'autonomia dei dipendenti.

- Conformità legale: I datori di lavoro devono garantire che tutte le pratiche di monitoraggio siano conformi alle leggi e ai regolamenti applicabili in materia di privacy dei dipendenti e protezione dei dati. Ciò include la comprensione e l'adesione alle leggi regionali e nazionali che regolano la sorveglianza del luogo di lavoro.

Affrontare i problemi di sorveglianza e monitoraggio in un ambiente di lavoro ibrido-AI significa trovare un equilibrio tra le esigenze dell'organizzazione e i diritti dei dipendenti. Adottando pratiche di monitoraggio trasparenti, etiche e conformi alla legge e coinvolgendo i dipendenti nel processo di sviluppo delle politiche, i datori di lavoro possono garantire che il monitoraggio serva a scopi aziendali legittimi, rispettando al tempo stesso la privacy e l'autonomia della loro forza lavoro.

Garantire che l'integrazione dell'IA nei modelli ibridi favorisca un ambiente di lavoro inclusivo ed equo è fondamentale per mantenere un posto di lavoro positivo e produttivo. L'uso dell'IA in questi contesti presenta sia opportunità che sfide per promuovere l'equità e l'inclusività. Se da un lato l'IA può snellire i processi e fornire approfondimenti per migliorare il processo decisionale, dall'altro c'è il rischio di perpetuare i pregiudizi, portando a disparità tra i dipendenti.

Per attenuare i pregiudizi nei sistemi di IA, è importante innanzitutto riconoscere che gli algoritmi e i set di dati dell'IA possono riflettere i pregiudizi esistenti, siano essi legati alla razza, al sesso, all'età o ad altri fattori. La mitigazione di questi pregiudizi richiede un approccio proattivo, a partire dalla diversificazione dei team coinvolti nello sviluppo dell'IA. Un gruppo eterogeneo di sviluppatori e data scientist può fornire prospettive diverse, aiutando a identificare e risolvere potenziali pregiudizi che potrebbero non essere evidenti in un team più omogeneo. Altrettanto fondamentale è l'esame e la preparazione accurata dei set di dati utilizzati per addestrare i sistemi di IA. Garantire che questi set di dati siano rappresentativi e privi di schemi discriminatori è fondamentale per evitare che l'IA prenda decisioni distorte. Anche le verifiche periodiche degli algoritmi di IA per individuare eventuali risultati distorti e gli aggiustamenti necessari possono contribuire a garantire che questi sistemi operino in modo equo.

Al di là delle misure tecniche, è fondamentale promuovere una cultura inclusiva nelle configurazioni di lavoro remote e ibride. Ciò comprende iniziative a sostegno della diversità e dell'inclusività, come programmi di formazione sulla diversità, pratiche di assunzione inclusive e politiche che garantiscano a tutti i dipendenti, indipendentemente dalla loro posizione, lo stesso accesso alle opportunità e alle risorse. Regolari attività di team-building virtuale e pratiche di comunicazione inclusiva possono aiutare i dipendenti remoti a sentirsi connessi e valorizzati come le loro controparti in ufficio.

Sostenere la diversità e l'inclusività significa anche fornire sistemazioni e supporto ai dipendenti con esigenze diverse. Ciò potrebbe comportare modalità di lavoro flessibili, strumenti tecnologici accessibili e risorse adatte ai diversi stili di apprendimento e alle diverse abilità.

Promuovere l'equità e l'inclusività in un ambiente di lavoro ibrido con l'IA comporta una combinazione di diligenza tecnica nello sviluppo e nel monitoraggio dei sistemi di IA e uno sforzo impegnato per promuovere una cultura inclusiva e di sostegno. Affrontando questi aspetti, le organizzazioni possono sfruttare l'IA non solo per migliorare l'efficienza e la produttività, ma anche per costruire un ambiente di lavoro più equo e inclusivo.

Nell'integrazione dell'IA all'interno di ambienti di lavoro ibridi, il processo decisionale etico diventa una responsabilità fondamentale per la leadership. Le decisioni prese dai leader sulle modalità di utilizzo dell'IA possono avere un impatto significativo sia sulla forza lavoro che sull'organizzazione in generale. La gestione di queste decisioni richiede una comprensione approfondita dei principi etici e l'impegno ad allineare l'uso dell'IA a tali principi.

La leadership svolge un ruolo cruciale nel definire il tono dell'utilizzo dell'IA sul posto di lavoro. Non si tratta solo di decidere quali tecnologie di IA implementare, ma anche di considerare come queste tecnologie influenzeranno la privacy dei dipendenti, i ruoli lavorativi e l'ambiente di lavoro in generale. I leader devono soppesare i vantaggi degli strumenti di IA rispetto ai potenziali rischi etici, come le violazioni della privacy o i pregiudizi negli algoritmi di IA.

Per assistere i leader in questo processo, sono stati sviluppati diversi quadri e strumenti per guidare il processo decisionale etico nell'integrazione dell'IA. Spesso si tratta di una serie di principi o linee guida che possono essere applicate per valutare le implicazioni etiche dei sistemi di IA. Ad esempio, principi come trasparenza, equità, non discriminazione e responsabilità sono comunemente inclusi in questi quadri. Essi forniscono un punto di riferimento rispetto al quale le tecnologie di IA e le loro applicazioni possono essere valutate. Oltre ai quadri etici, si possono utilizzare strumenti decisionali come le valutazioni dell'impatto etico. Queste valutazioni comportano una valutazione sistematica dell'impatto di una particolare applicazione di IA sui vari stakeholder e del suo allineamento con gli standard etici dell'organizzazione. Questo processo spesso include la valutazione del rischio, la consultazione delle parti interessate e la pianificazione dello scenario.

I leader possono anche avvalersi di comitati consultivi o etici composti da membri con background e competenze diverse. Questi organismi possono fornire preziose indicazioni e raccomandazioni sull'uso etico dell'IA, assicurando che le decisioni siano complete e tengano conto di diverse prospettive.

La formazione e l'educazione all'etica per i leader e i decisori sono fondamentali. Comprendere le dimensioni etiche dell'IA e rimanere informati sugli ultimi sviluppi dell'etica dell'IA può aiutare i leader a prendere decisioni più consapevoli.

Il processo decisionale etico nell'integrazione dell'IA nei luoghi di lavoro ibridi richiede che i leader considerino attentamente gli impatti di queste tecnologie. Utilizzando quadri etici, valutazioni d'impatto, organi consultivi e formazione continua, i leader possono garantire che le loro decisioni sull'uso dell'IA siano responsabili, informate e allineate sia ai valori organizzativi sia a standard etici più ampi.

Coltivare una cultura organizzativa che dia priorità all'uso responsabile ed etico dell'IA è essenziale negli ambienti di lavoro odierni, sempre più orientati all'IA. Questa cultura si basa sull'impegno di tutta l'organizzazione a rispettare i principi etici nell'impiego e nell'utilizzo dell'IA, garantendo che le tecnologie dell'IA vengano sfruttate in modo vantaggioso ed equo per tutte le parti interessate.

Lo sviluppo di una cultura dell'IA responsabile inizia con un messaggio chiaro da parte dei vertici. La leadership deve comunicare costantemente l'importanza delle pratiche etiche di IA, incorporando questa filosofia nei valori organizzativi. Questo approccio crea un precedente per il processo decisionale e il comportamento a tutti i livelli dell'organizzazione. I programmi di formazione e sensibilizzazione sono fondamentali per educare i dipendenti alle pratiche etiche di IA. Questi programmi dovrebbero riguardare argomenti come i potenziali rischi e benefici dell'IA, la comprensione dei pregiudizi nell'IA e l'importanza della privacy e della sicurezza dei dati. La formazione deve essere progettata in modo da essere accessibile e coinvolgente per i dipendenti di vari reparti, non solo per quelli che lavorano direttamente con le tecnologie di IA.

È importante promuovere un ambiente in cui le considerazioni etiche facciano parte delle conversazioni quotidiane sull'IA. Ciò potrebbe comportare discussioni regolari, workshop o seminari che approfondiscano i recenti sviluppi dell'etica dell'IA, casi di studio o dilemmi etici legati all'IA sul posto di lavoro.

Anche incoraggiare la trasparenza e l'apertura sulle implementazioni dell'IA può contribuire a una cultura dell'IA responsabile. Quando i dipendenti capiscono come e perché vengono utilizzati i sistemi di IA, è più probabile che si fidino e si impegnino in modo responsabile con queste tecnologie. Questa trasparenza include l'apertura sui limiti e le capacità dei sistemi di IA. La creazione di canali che consentano ai dipendenti di esprimere preoccupazioni o suggerimenti sull'uso dell'IA può contribuire a mantenere gli standard etici. Ciò può avvenire sotto forma di meccanismi di feedback, scatole di suggerimenti o riunioni periodiche in cui i dipendenti possono discutere di argomenti legati all'IA.

Anche il coinvolgimento di un gruppo eterogeneo di dipendenti nei progetti e nelle decisioni relative all'IA può migliorare i risultati etici. La diversità nei team aiuta a portare in tavola più prospettive, riducendo il rischio di pregiudizi involontari e garantendo che i sistemi di IA siano equi e inclusivi. Lo sviluppo di una cultura dell'IA responsabile è un processo continuo che richiede l'impegno di tutti i livelli dell'organizzazione. Dando priorità alle pratiche etiche di IA attraverso una chiara comunicazione da parte della leadership, una formazione completa, un dialogo aperto, trasparenza, coinvolgimento dei dipendenti e meccanismi di feedback, le organizzazioni possono creare un ambiente in cui l'IA viene utilizzata in modo responsabile, etico ed efficace.

Con la continua evoluzione dell'IA e il cambiamento dei modelli di lavoro, prepararsi alle future sfide etiche diventa un compito vitale per le organizzazioni. Anticipare questi dilemmi e sviluppare strategie per affrontarli in modo proattivo è fondamentale per mantenere l'integrità etica e la fiducia sul posto di lavoro.

Il futuro dell'IA e dei modelli di lavoro porterà probabilmente a complesse questioni etiche, in particolare quando i sistemi di IA diventeranno più avanzati e parte integrante delle operazioni aziendali. Queste sfide possono includere maggiori preoccupazioni per la privacy, dato che l'IA diventa sempre più capace di elaborare grandi quantità di dati, strumenti di monitoraggio dei dipendenti più sofisticati che confondono i confini tra la supervisione e l'invasione della privacy, e algoritmi decisionali che potrebbero inavvertitamente perpetuare pregiudizi.

Per essere proattive e adattabili nella gestione di queste sfide, le organizzazioni devono sviluppare un approccio multiforme:

1. Formazione e sensibilizzazione etica continua: È essenziale tenersi aggiornati sugli ultimi sviluppi dell'etica dell'IA. Programmi regolari di formazione e sensibilizzazione per i dipendenti e la leadership assicurano che la forza lavoro dell'organizzazione rimanga informata sulle considerazioni etiche emergenti e sulle migliori pratiche.

2. Valutazioni di impatto etico: Condurre regolarmente valutazioni dell'impatto etico dei sistemi di IA può aiutare le organizzazioni a identificare potenziali problemi prima che diventino tali. Queste valutazioni devono considerare l'impatto dell'IA sui vari stakeholder e valutare se le implementazioni dell'IA sono in linea con i principi etici dell'organizzazione.

3. Quadri etici adattabili: Lo sviluppo di quadri etici adattabili al cambiamento è fondamentale. Con l'evoluzione della tecnologia dell'IA, anche le linee guida etiche che ne regolano l'uso dovrebbero evolversi. Questi quadri dovrebbero essere regolarmente rivisti e aggiornati per riflettere i nuovi sviluppi e le nuove intuizioni.

4. Sviluppo di politiche inclusive: Coinvolgere una serie di voci diverse nello sviluppo di politiche e linee guida etiche sull'IA garantisce che venga presa in considerazione un'ampia gamma di prospettive. Questo approccio può aiutare a identificare potenziali punti ciechi e pregiudizi nell'implementazione e nell'utilizzo dell'IA.

5. Coinvolgimento degli stakeholder: Il regolare coinvolgimento di vari stakeholder, tra cui dipendenti, clienti ed esperti del settore, può fornire indicazioni sulle potenziali sfide etiche e sul modo migliore per affrontarle. Questo coinvolgimento può assumere la forma di sondaggi, focus group o consultazioni con esperti esterni di etica.

6. Strategie di gestione del rischio: Lo sviluppo di strategie di gestione del rischio specifiche per l'etica dell'IA può aiutare ad affrontare rapidamente qualsiasi problema etico che si presenti. Ciò comporta l'identificazione di potenziali aree di rischio, il monitoraggio delle violazioni etiche e l'adozione di procedure chiare per attenuare eventuali problemi.

7. Impegno della leadership: È essenziale un forte impegno della leadership per l'uso etico dell'IA. I leader devono modellare il comportamento e il processo decisionale etico, rafforzando l'importanza dell'etica nell'IA e nelle pratiche di lavoro.

Prepararsi alle future sfide etiche dell'IA e dei modelli di lavoro ibridi comporta una formazione continua, quadri etici adattabili, sviluppo di politiche inclusive, coinvolgimento proattivo degli stakeholder, strategie specifiche di gestione del rischio e un forte impegno della leadership. Adottando queste strategie, le organizzazioni possono rimanere proattive e adattabili, assicurandosi di essere preparate a gestire le complessità etiche dei futuri sviluppi dell'IA e dei cambiamenti dei modelli di lavoro.

Al termine della nostra esplorazione della gestione etica nell'intersezione tra IA e lavoro ibrido, risulta evidente che quest'area non è solo una necessità operativa, ma un aspetto fondamentale dell'integrità e della responsabilità organizzativa. L'integrazione dell'IA negli ambienti di lavoro ibridi presenta sfide e opportunità uniche, richiedendo un approccio ponderato per garantire che queste potenti tecnologie siano utilizzate in modi etici, equi e vantaggiosi per tutti.

Il ruolo critico della gestione etica in questo contesto consiste nel navigare tra le complessità della tecnologia AI rispettando le sfumature degli ambienti di lavoro incentrati sull'uomo. Si tratta di bilanciare i guadagni di efficienza e produttività offerti dall'IA con la necessità di privacy, equità e trasparenza. Le organizzazioni devono agire con cautela per garantire che i vantaggi dell'IA siano realizzati senza compromettere i valori etici e la fiducia che sono essenziali per una sana cultura del lavoro.

Sviluppare quadri etici completi, affrontare i problemi di sorveglianza e monitoraggio, promuovere l'equità e l'inclusività, garantire un processo decisionale responsabile e prepararsi alle sfide etiche future sono tutti aspetti di questo intricato compito. Le strategie e le considerazioni discusse in questo capitolo forniscono un modello per le organizzazioni che vogliono affrontare l'integrazione dell'IA in modelli di lavoro ibridi con una lente etica.

Nell'ultimo capitolo, l'attenzione si sposta su casi di studio di ambienti di lavoro ibridi potenziati dall'IA. Questi esempi reali forniranno preziose indicazioni su come le organizzazioni hanno affrontato le complessità etiche dell'IA e del lavoro ibrido. I casi di studio illustreranno le applicazioni pratiche, le sfide affrontate e le strategie impiegate per creare ambienti di lavoro etici, efficienti e produttivi. Questi racconti serviranno da guida per le organizzazioni che vogliono sfruttare il potenziale dell'IA nei loro ambienti di lavoro ibridi, rispettando gli standard etici e promuovendo una cultura di fiducia e integrità.

Capitolo 12: Casi di studio di ambienti di lavoro ibridi potenziati dall'IA

In questo capitolo, definiamo il contesto per esplorare esempi reali di integrazione dell'IA in ambienti di lavoro ibridi. Questi casi di studio sono fondamentali per dimostrare come i concetti teorici e le strategie relative all'IA e ai modelli di lavoro ibridi vengano applicati in scenari aziendali reali. Offrono uno sguardo tangibile su come le organizzazioni affrontano le sfide e le opportunità presentate dall'IA in diversi ambienti di lavoro.

Lanciandoci in questi casi di studio, ci rendiamo conto degli aspetti pratici dell'integrazione delle tecnologie di IA negli ambienti di lavoro ibridi. Questi esempi abbracciano diversi settori e dimensioni organizzative, mostrando la versatilità e l'ampio impatto dell'IA. I casi di studio evidenziano non solo le implementazioni tecnologiche, ma anche le dimensioni umane, etiche e operative dell'introduzione dell'IA nei modelli di lavoro ibridi.

La comprensione di queste applicazioni reali è fondamentale per comprendere le implicazioni pratiche dei concetti discussi in precedenza nel libro. Esse forniscono lezioni preziose sull'integrazione efficace dell'IA, affrontando sfide come le considerazioni etiche, la privacy dei dati, il coinvolgimento dei dipendenti e il mantenimento della cultura organizzativa in un panorama in continua evoluzione tecnologica.

La rilevanza di questi casi di studio risiede nella loro capacità di illustrare strategie di successo e insidie comuni, offrendo ai lettori una comprensione sfumata di ciò che funziona e di ciò che non funziona nel regno degli ambienti di lavoro ibridi potenziati dall'IA. In quanto tali, servono come guida per le aziende e i leader che cercano di navigare nelle complessità dell'integrazione dell'IA nei loro modelli di lavoro, fornendo intuizioni pratiche e strategie attuabili per il successo.

Il capitolo sulle storie di successo dell'integrazione dell'IA presenta una serie di organizzazioni, ognuna con un percorso unico di integrazione dell'IA generativa nei loro modelli di lavoro ibridi. Queste storie rappresentano uno spettro di settori, evidenziando la versatilità e le ampie applicazioni dell'IA in diversi contesti aziendali.

Una di queste storie riguarda un'importante organizzazione sanitaria che si è rivolta all'intelligenza artificiale per gestire i dati dei pazienti e ottimizzare i piani di trattamento. Inizialmente alle prese con la gestione di grandi quantità di dati e la garanzia della privacy dei pazienti, l'organizzazione ha implementato sistemi di IA per automatizzare l'analisi dei dati e fornire approfondimenti predittivi. Il risultato è stato non solo un miglioramento dell'efficienza delle cure per i pazienti, ma anche una maggiore sicurezza e accuratezza dei dati.

Un altro esempio proviene da un gigante della vendita al dettaglio che ha impiegato l'intelligenza artificiale per migliorare l'esperienza del cliente e la gestione della catena di approvvigionamento. Il viaggio dell'organizzazione è iniziato con la sfida di comprendere i complessi modelli di comportamento dei consumatori e di ottimizzare l'inventario. Grazie all'uso strategico dell'IA, l'azienda è riuscita a ottenere una conoscenza più approfondita delle preferenze dei clienti e a razionalizzare la supply chain, con conseguente aumento della soddisfazione dei clienti e dell'efficienza operativa.

Nel settore finanziario, la storia di un'importante banca evidenzia il ruolo dell'IA nella valutazione del rischio e nel rilevamento delle frodi. Inizialmente alle prese con il volume di transazioni da verificare e il rischio di frodi finanziarie, la banca ha implementato algoritmi di IA per analizzare i modelli di transazione e identificare le anomalie. Questa integrazione non solo ha potenziato le misure di sicurezza della banca, ma ha anche migliorato l'efficienza operativa e la fiducia dei clienti.

Il viaggio di un'azienda tecnologica nell'integrazione dell'IA mostra come ha sfruttato l'IA per le operazioni interne, in particolare nella gestione dei team remoti e dei flussi di lavoro dei progetti. Di fronte alla sfida di coordinare una forza lavoro distribuita e mantenere la produttività, l'azienda ha utilizzato strumenti di IA per la comunicazione, l'assegnazione dei compiti e il monitoraggio dei progressi. Il risultato è stato un'esperienza di lavoro a distanza più coesa e una maggiore efficienza nella gestione dei progetti.

Questi casi di studio mostrano un'ampia gamma di applicazioni e approcci all'integrazione dell'IA in modelli di lavoro ibridi. Ciascuna storia fornisce approfondimenti sulle sfide iniziali affrontate dalle organizzazioni, sulle decisioni strategiche prese nell'impiego dell'IA e sui risultati di queste integrazioni. La diversità dei settori rappresentati sottolinea l'adattabilità delle soluzioni di IA alle varie esigenze aziendali, offrendo lezioni preziose e ispirazione per altre organizzazioni che intraprendono il loro percorso di integrazione dell'IA.

Il viaggio verso l'integrazione dell'IA in ambienti di lavoro ibridi si presenta spesso con una serie di ostacoli unici. Il dettaglio delle sfide specifiche incontrate dalle organizzazioni durante l'integrazione dell'IA rivela le misure di adattamento e le soluzioni innovative impiegate per superare con successo questi ostacoli.

Una sfida comune a molte organizzazioni è la resistenza al cambiamento, soprattutto da parte dei dipendenti che potrebbero sentirsi minacciati dalle tecnologie AI. Questa resistenza spesso deriva da preoccupazioni per la sicurezza del posto di lavoro o dall'apprensione per l'adattamento a nuove modalità di lavoro. Per affrontare questo problema, le organizzazioni hanno implementato strategie di comunicazione complete, garantendo la trasparenza sullo scopo e sui vantaggi dell'integrazione dell'IA. Si sono inoltre concentrate su programmi di riqualificazione e aggiornamento, rassicurando i dipendenti sul loro ruolo nel luogo di lavoro potenziato dall'IA.

Un altro ostacolo significativo è la complessità tecnica dell'implementazione dei sistemi di IA. Molte organizzazioni hanno inizialmente avuto difficoltà a integrare l'IA nell'infrastruttura IT esistente. Per superare questo problema, alcune hanno cercato di collaborare con i fornitori di tecnologie di IA per ottenere assistenza e supporto da parte di esperti, mentre altre hanno investito nella formazione dei propri team IT per gestire l'integrazione dell'IA internamente. Gli approcci collaborativi tra i reparti IT, i fornitori di IA e gli utenti finali sono stati fondamentali per adattare questi sistemi alle specifiche esigenze organizzative.

Anche la privacy e la sicurezza dei dati hanno posto sfide significative, soprattutto nei settori che trattano informazioni sensibili. Le organizzazioni hanno risposto rafforzando le loro strutture di cybersecurity e garantendo la conformità alle normative sulla protezione dei dati. Hanno impiegato crittografia avanzata, controlli di sicurezza regolari e formazione dei dipendenti sulla privacy dei dati per tutelarsi da potenziali violazioni.

In alcuni casi, le organizzazioni hanno incontrato difficoltà nel formare la propria forza lavoro all'uso efficace degli strumenti di IA. Per combattere questo problema, hanno sviluppato programmi di formazione su misura, utilizzando un mix di corsi online, workshop ed esperienze di apprendimento pratico. Alcune hanno anche creato sistemi di supporto interni, come helpdesk per l'IA o gruppi di apprendimento tra pari, per assistere i dipendenti nell'adattamento alle nuove tecnologie.

Mantenere la cultura organizzativa e il coinvolgimento dei dipendenti in un ambiente in rapida evoluzione guidato dall'intelligenza artificiale è stata una sfida. Per preservare il senso di appartenenza e di comunità, le organizzazioni hanno adottato strategie come attività virtuali di team building, check-in regolari e piattaforme che incoraggiano la collaborazione e la comunicazione.

Per superare le sfide dell'integrazione dell'IA è stata necessaria una combinazione di comunicazione strategica, adattamento tecnico, attenzione alla sicurezza dei dati, programmi di formazione completi e sforzi per mantenere la cultura organizzativa. Le soluzioni innovative e le misure di adattamento adottate da queste organizzazioni forniscono lezioni preziose per affrontare le complessità dell'integrazione dell'IA nei modelli di lavoro ibridi.

L'integrazione dell'IA negli ambienti di lavoro ibridi ha portato a notevoli miglioramenti in termini di produttività ed efficienza. Questi guadagni testimoniano la potenza dell'IA nello snellimento dei processi, nell'automazione delle attività di routine e nella fornitura di approfondimenti per migliorare il processo decisionale. Attraverso esempi specifici di strumenti e sistemi di IA utilizzati da varie organizzazioni, possiamo vedere i vantaggi misurabili che hanno fornito.

Un esempio significativo viene da un'azienda di marketing che ha implementato uno strumento di analisi alimentato dall'intelligenza artificiale. Questo sistema era in grado di elaborare grandi quantità di dati sui consumatori per ricavare informazioni sulle tendenze del mercato e sulle preferenze dei clienti. Il risultato è stato una strategia di marketing più mirata, che ha portato a un maggiore coinvolgimento dei clienti e a tassi di conversione più elevati. L'azienda ha registrato un aumento misurabile dell'efficacia delle campagne e una riduzione del tempo dedicato all'analisi dei dati.

In un'azienda manifatturiera, l'introduzione dell'intelligenza artificiale per la manutenzione predittiva ha trasformato l'efficienza operativa. Il sistema di intelligenza artificiale ha analizzato i dati dei macchinari per prevedere i potenziali guasti prima che si verifichino, consentendo una manutenzione tempestiva. Questo approccio proattivo ha portato a una riduzione significativa dei tempi di inattività e dei costi di manutenzione, con un impatto diretto sui profitti dell'azienda.

Un fornitore di servizi finanziari ha utilizzato algoritmi guidati dall'intelligenza artificiale per la valutazione del rischio e il rilevamento delle frodi. Questi sistemi erano in grado di analizzare i modelli di transazione in tempo reale, identificando le anomalie che potevano indicare attività fraudolente. L'implementazione di questa tecnologia non solo ha aumentato la sicurezza delle transazioni finanziarie, ma ha anche migliorato la velocità e l'accuratezza della valutazione del rischio, contribuendo a una maggiore efficienza operativa complessiva.

Nel settore delle risorse umane, un'organizzazione ha utilizzato uno strumento di reclutamento alimentato dall'intelligenza artificiale per ottimizzare il processo di assunzione. Lo strumento utilizzava algoritmi di apprendimento automatico per scansionare i curriculum, abbinare i candidati ai requisiti del lavoro e identificare i candidati più promettenti. L'automazione ha ridotto il tempo e le risorse impiegate nel processo di screening iniziale, consentendo ai professionisti delle risorse umane di concentrarsi su aspetti più strategici del reclutamento. L'organizzazione ha notato un processo di assunzione più rapido e un miglioramento della qualità dei candidati selezionati.

Questi esempi illustrano come gli strumenti e i sistemi di IA, se integrati in modo ponderato in modelli di lavoro ibridi, possano portare a significativi guadagni di produttività ed efficienza. I vantaggi misurabili dell'IA in questi scenari includono una maggiore precisione e velocità nell'elaborazione dei dati, risparmi sui costi, una migliore gestione del rischio e processi operativi migliorati. Questi scenari evidenziano il potenziale dell'IA nel trasformare vari aspetti del lavoro in diversi settori, sottolineando l'importanza dell'integrazione dell'IA nel guidare il successo aziendale nell'ambiente di lavoro moderno.

L'impatto dell'IA sull'esperienza e sull'impegno dei dipendenti in contesti lavorativi ibridi è multiforme e influenza ogni aspetto, dall'equilibrio tra vita privata e lavoro alla soddisfazione professionale e alla collaborazione. Man mano che le organizzazioni integrano l'IA nelle loro attività, è fondamentale comprenderne e gestirne gli effetti sulla forza lavoro.

In molti casi, i dipendenti hanno riferito che gli strumenti di IA hanno avuto un impatto positivo sull'equilibrio tra lavoro e vita privata. L'automazione di compiti ripetitivi da parte dell'IA ha liberato tempo, permettendo ai dipendenti di concentrarsi su aspetti più significativi e coinvolgenti del loro lavoro. Questo cambiamento ha spesso portato a una riduzione dello stress e a un migliore equilibrio tra lavoro e vita privata. Ad esempio, uno strumento di programmazione guidato dall'intelligenza artificiale utilizzato da una società di consulenza ha permesso ai dipendenti di gestire meglio il proprio tempo, ottenendo maggiore flessibilità e controllo sugli orari di lavoro.

La soddisfazione sul lavoro è un'altra area in cui l'IA ha avuto un impatto notevole. I dipendenti di diverse organizzazioni hanno espresso apprezzamento per il modo in cui gli strumenti di IA hanno semplificato i flussi di lavoro, rendendo il loro lavoro più facile ed efficiente. Gli strumenti di analisi guidati dall'IA, ad esempio, hanno fornito ai dipendenti preziose informazioni che hanno migliorato le loro capacità decisionali e l'efficacia complessiva del loro ruolo.

L'introduzione dell'IA ha presentato anche delle sfide. In alcuni casi, i dipendenti hanno espresso preoccupazione per la possibilità che l'IA sostituisca il lavoro umano, generando ansia e incertezza. Le organizzazioni hanno affrontato queste preoccupazioni garantendo una comunicazione trasparente sul ruolo dell'IA ed enfatizzando l'IA come strumento di assistenza piuttosto che di sostituzione dei lavoratori umani.

La collaborazione è un'altra area in cui l'intelligenza artificiale ha avuto un impatto significativo. Gli strumenti di collaborazione alimentati dall'intelligenza artificiale hanno permesso di migliorare la comunicazione e il lavoro di squadra, particolarmente importante negli ambienti di lavoro ibridi in cui i membri del team potrebbero non essere sempre presenti in sede. Il feedback dei dipendenti di varie organizzazioni indica che questi strumenti hanno facilitato la gestione dei progetti e le interazioni di gruppo, migliorando la collaborazione complessiva.

Nonostante questi vantaggi, è importante riconoscere e affrontare qualsiasi impatto negativo che l'IA potrebbe avere sull'esperienza dei dipendenti. Canali di feedback regolari, come sondaggi e focus group, sono fondamentali per le organizzazioni per capire le prospettive dei dipendenti sull'integrazione dell'IA. Questo feedback può guidare gli aggiustamenti nell'implementazione dell'IA, assicurando che essa contribuisca positivamente all'esperienza dei dipendenti.

L'impatto dell'intelligenza artificiale sull'esperienza e sul coinvolgimento dei dipendenti in contesti lavorativi ibridi è significativo. Se da un lato ha migliorato l'equilibrio tra vita privata e vita lavorativa, la soddisfazione sul lavoro e la collaborazione per molti, dall'altro è essenziale monitorare costantemente e affrontare qualsiasi problema o preoccupazione che si presenti. In questo modo, le organizzazioni possono garantire che l'integrazione dell'IA contribuisca positivamente all'esperienza complessiva dei dipendenti.

Le storie di successo e le sfide che le organizzazioni presentate hanno affrontato nell'integrazione dell'IA in ambienti di lavoro ibridi offrono una grande quantità di spunti di riflessione. Queste esperienze culminano in una raccolta di best practice che possono guidare altre organizzazioni nel loro percorso per sfruttare efficacemente l'IA in contesti simili.

Una lezione fondamentale tratta da questi casi di studio è l'importanza di allineare l'integrazione dell'IA agli obiettivi aziendali specifici e alle esigenze dei dipendenti. Le organizzazioni di successo hanno dimostrato che l'implementazione dell'IA è più efficace quando affronta direttamente sfide o opportunità identificabili all'interno dell'azienda. Ad esempio, nei casi in cui l'IA è stata utilizzata per migliorare il servizio clienti, è stato stabilito un chiaro collegamento tra l'uso degli strumenti di IA e il miglioramento delle metriche di soddisfazione dei clienti.

Un'altra intuizione critica è la necessità di una pianificazione accurata e di un'implementazione graduale. Le organizzazioni che si sono distinte nell'integrazione dell'IA non hanno affrettato il processo. Al contrario, si sono prese il tempo necessario per provare diversi strumenti, raccogliere il feedback dei dipendenti e apportare miglioramenti iterativi. Questo approccio ha permesso una transizione più fluida e una maggiore accettazione dell'IA all'interno dell'organizzazione. Anche il coinvolgimento e la formazione dei dipendenti sono emersi come best practice fondamentali. Le organizzazioni che hanno coinvolto attivamente i dipendenti nel processo di integrazione dell'IA, in particolare attraverso programmi di formazione e sviluppo, hanno registrato livelli di coinvolgimento più elevati e un'adozione più agevole degli strumenti di IA. I dipendenti che comprendono come l'IA possa aiutare il loro lavoro sono più propensi ad abbracciare queste tecnologie.

Garantire trasparenza e comunicazione aperta è stato un altro fattore chiave per il successo dell'integrazione dell'IA. Le organizzazioni che sono state trasparenti riguardo allo scopo, alle capacità e ai limiti delle tecnologie di IA hanno favorito un maggiore senso di fiducia e collaborazione tra i dipendenti. Una comunicazione chiara sull'impatto dell'IA sui processi di lavoro e la risposta alle preoccupazioni sulla sicurezza del posto di lavoro sono state fondamentali per attenuare i timori e le resistenze.

Anche le considerazioni etiche e la garanzia della privacy dei dati sono state fondamentali. Le organizzazioni con le migliori pratiche hanno prestato molta attenzione alle implicazioni etiche dell'IA, in particolare per quanto riguarda l'uso dei dati e la privacy dei dipendenti. Hanno implementato solide politiche di governance dei dati e hanno adottato misure per garantire che le applicazioni di IA siano prive di pregiudizi e discriminazioni.

L'importanza della valutazione continua e della flessibilità nelle strategie di IA è stata un tema ricorrente. Le organizzazioni di successo hanno monitorato costantemente l'efficacia dei loro strumenti di IA e sono state aperte ad apportare modifiche in base alle mutevoli esigenze aziendali e ai progressi tecnologici.
Le esperienze di queste organizzazioni evidenziano diverse best practice per l'integrazione dell'IA negli ambienti di lavoro ibridi,

tra cui l'allineamento dell'IA con gli obiettivi aziendali, un'attenta pianificazione e un'implementazione graduale, il coinvolgimento e la formazione dei dipendenti, la trasparenza e la comunicazione aperta, le considerazioni etiche e la privacy dei dati, la valutazione continua e l'adattabilità. Questi spunti forniscono indicazioni preziose per tutte le organizzazioni che intendono sfruttare i vantaggi dell'IA in un ambiente di lavoro ibrido.

La sostenibilità a lungo termine dei modelli di lavoro ibridi potenziati dall'IA è un aspetto critico del percorso di integrazione, come dimostrano i casi di studio presentati. Queste organizzazioni non solo hanno adattato l'IA per soddisfare le esigenze attuali, ma hanno anche considerato come queste tecnologie avrebbero supportato la loro crescita ed evoluzione in futuro.

Un tema comune a questi casi di studio è la consapevolezza che l'integrazione dell'IA non è un evento unico, ma un processo continuo. Per questo motivo, queste organizzazioni hanno sviluppato strategie per aggiornare e migliorare continuamente i loro sistemi di IA. Questo approccio garantisce che le loro soluzioni di IA rimangano pertinenti ed efficaci di fronte all'evoluzione del panorama aziendale e dei progressi tecnologici.

Molte di queste organizzazioni considerano l'IA come un fattore chiave per la crescita futura. Hanno intenzione di espandere le loro capacità di IA esplorando nuove applicazioni e tecnologie. Ad esempio, un'azienda che ha inizialmente implementato l'IA per l'analisi del servizio clienti sta ora studiando strategie di personalizzazione guidate dall'IA per migliorare ulteriormente l'esperienza dei clienti. Questo tipo di espansione dimostra l'impegno a sfruttare l'IA per l'innovazione e il miglioramento continui. Un altro aspetto della sostenibilità a lungo termine è l'attenzione alle soluzioni di IA scalabili. Man mano che queste organizzazioni crescono, i loro sistemi di IA devono adattarsi a volumi di dati sempre maggiori, a flussi di lavoro più complessi e a una base di utenti in aumento. Investire in infrastrutture di IA scalabili e piattaforme flessibili è stata una priorità per queste organizzazioni, per garantire che le loro capacità di IA possano crescere insieme all'azienda.

Anche lo sviluppo delle competenze dei dipendenti in materia di IA è un fattore chiave per la sostenibilità a lungo termine. Riconoscendo che l'IA avrà un ruolo sempre più significativo nei futuri processi lavorativi, queste organizzazioni si impegnano in programmi di formazione e sviluppo continui. Questa attenzione all'aggiornamento garantisce che la loro forza lavoro rimanga esperta nell'uso degli strumenti di IA e possa contribuire all'evoluzione delle strategie di IA dell'organizzazione.

Queste organizzazioni sono consapevoli delle implicazioni etiche dell'IA mentre pianificano il futuro. Sono attivamente impegnate nello sviluppo e nell'aggiornamento delle loro linee guida etiche e delle strutture di governance per garantire che le loro pratiche di IA rimangano responsabili e allineate ai loro valori fondamentali.

La sostenibilità e la crescita a lungo termine dei modelli di lavoro ibridi potenziati dall'IA in queste organizzazioni si basano su innovazione continua, soluzioni scalabili, sviluppo continuo dei dipendenti e una solida base etica. Concentrandosi su queste aree, queste organizzazioni sono ben posizionate per capitalizzare i vantaggi dell'IA ora e in futuro, assicurando che la loro integrazione dell'IA rimanga sostenibile, efficace e allineata con i loro obiettivi aziendali in evoluzione.

Sono emersi diversi elementi chiave, che dipingono un quadro del potenziale panorama futuro degli ambienti di lavoro e ci danno la possibilità di riflettere sul percorso di integrazione dell'IA generativa in modelli ibridi.

Un tema centrale di questi casi di studio è il potere trasformativo dell'IA nel migliorare la produttività, l'efficienza e il processo decisionale sul posto di lavoro. Le organizzazioni di vari settori hanno sfruttato con successo l'IA per snellire i processi, scoprire intuizioni e facilitare modalità di lavoro più efficaci. L'impatto positivo sui risultati operativi e sull'esperienza dei dipendenti sottolinea il potenziale dell'IA come strumento cruciale nel panorama aziendale moderno. Un altro aspetto fondamentale è l'importanza di un approccio ponderato e strategico all'integrazione dell'IA. Le organizzazioni di successo hanno dimostrato che un'attenta pianificazione, il coinvolgimento dei dipendenti, le considerazioni etiche e l'adattabilità sono componenti essenziali di questo processo. Questi elementi non solo garantiscono una transizione più agevole verso operazioni potenziate dall'IA, ma favoriscono anche una cultura dell'innovazione e dell'apprendimento continuo.

I casi di studio evidenziano anche la natura in evoluzione dei modelli di lavoro e la crescente importanza dell'IA nel plasmare questi modelli. Con i continui progressi dell'IA, il suo ruolo negli ambienti di lavoro ibridi è destinato ad espandersi, offrendo strumenti ancora più sofisticati per la collaborazione, l'automazione e l'analisi dei dati. Questa evoluzione suggerisce un futuro in cui l'IA è profondamente integrata nel tessuto lavorativo, favorendo sia l'efficienza che nuovi modi di lavorare.

Riflettendo sul percorso di integrazione dell'IA generativa nei modelli di lavoro ibridi, è evidente che si tratta di un processo continuo, che richiede alle organizzazioni di rimanere agili e reattive ai progressi tecnologici e alle mutevoli dinamiche del luogo di lavoro. La necessità di una valutazione regolare, di aggiornamenti dei sistemi di IA e di una formazione continua dei dipendenti rimarrà fondamentale con l'evoluzione delle tecnologie e delle applicazioni di IA.

I casi di studio forniscono indicazioni preziose sul potenziale e sulle sfide degli ambienti di lavoro ibridi potenziati dall'IA. Illustrano un futuro in cui l'IA svolge un ruolo fondamentale nel guidare il successo aziendale e nel plasmare gli ambienti di lavoro. Per le organizzazioni che intraprendono questo viaggio, le lezioni apprese da questi casi di studio offrono una guida e un'ispirazione per navigare nelle complessità dell'integrazione dell'IA, assicurando che il loro approccio sia strategico, etico e allineato con i loro obiettivi a lungo termine.

Capitolo 13: Conclusione

Giunti alla conclusione di "The Future of Work Now", è essenziale riflettere sul viaggio che abbiamo intrapreso, esplorando le profonde trasformazioni del mondo del lavoro. Questo libro ha navigato nell'intricato panorama in cui l'IA generativa si interseca con la tendenza emergente dei modelli di lavoro ibridi, illuminando i temi e le intuizioni chiave che stanno plasmando il futuro del lavoro.

Fin dall'inizio, abbiamo indagato sul regno dell'IA generativa, svelandone la definizione, l'evoluzione e l'impatto multiforme sulla cultura del lavoro. Abbiamo visto come l'IA non sia solo uno strumento ma una forza trasformativa, che rimodella i ruoli lavorativi, richiede nuove competenze e ci sfida a ripensare le pratiche lavorative tradizionali. Le considerazioni etiche sull'IA, in particolare i pregiudizi degli algoritmi e l'equilibrio tra il processo decisionale dell'IA e l'intuizione umana, sono emerse come temi cruciali, sottolineando la necessità di un'integrazione responsabile e ponderata della tecnologia nella nostra vita lavorativa.

Parallelamente alla narrazione dell'IA, abbiamo esplorato la marea montante dei modelli di lavoro ibridi. Questo cambiamento, accelerato dagli eventi globali e dai progressi tecnologici, ha ridefinito il concetto di posto di lavoro. Abbiamo analizzato il modo in cui i modelli ibridi fondono la flessibilità del lavoro a distanza con la struttura degli uffici tradizionali, offrendo spunti di riflessione sui vantaggi e le sfide di questi accordi. Il ruolo della tecnologia nel facilitare un'efficace collaborazione a distanza, le sfumature della gestione dei team remoti e l'importanza di mantenere la cultura aziendale e il coinvolgimento dei dipendenti in un ambiente ibrido sono stati punti focali.

Il viaggio attraverso queste pagine è stato una cronaca di cambiamenti, innovazioni e adattamenti. Abbiamo visto come l'avvento dell'IA generativa si sia intrecciato con il passaggio a modelli di lavoro ibridi, creando una nuova dinamica nel mondo professionale. Questa convergenza ha portato opportunità di maggiore efficienza, creatività e flessibilità, ma anche sfide che richiedono un'attenta navigazione.

Riflettendo su questi temi, è evidente che il panorama del lavoro si è evoluto in modo significativo. La fusione di IA e modelli di lavoro ibridi non è solo un fenomeno temporaneo, ma uno sguardo al futuro del lavoro, che richiede agilità, apprendimento continuo e un approccio etico da parte di tutti noi. Mentre facciamo un passo avanti, le intuizioni raccolte in questo libro possono servire da luce guida, aiutandoci a navigare e a plasmare questo paesaggio in continua evoluzione.

In "The Future of Work Now", l'attenzione si è concentrata sull'integrazione armoniosa dell'IA generativa nel tessuto in evoluzione delle culture lavorative ibride. Questa sintesi di tecnologia e flessibilità è stata una pietra miliare della nostra esplorazione, rivelando effetti di trasformazione sul posto di lavoro. Rivedendo questa integrazione, vediamo un panorama in cui l'IA non solo coesiste con il modello di lavoro ibrido, ma lo potenzia attivamente, portando a una profonda riorganizzazione dei ruoli lavorativi, dei requisiti di competenza e delle dinamiche complessive del luogo di lavoro.

L'ingresso dell'IA generativa negli ambienti di lavoro ibridi è stato un catalizzatore di cambiamenti. I ruoli lavorativi tradizionali sono stati ridefiniti, con l'IA che si è fatta carico di compiti di routine e ha aperto ai dipendenti la possibilità di impegnarsi in lavori più complessi e creativi. Questo cambiamento non è stato privo di sfide e ha richiesto una rivalutazione delle competenze. La forza lavoro di oggi e di domani deve essere informata sull'intelligenza artificiale, non solo per capire come lavorare al suo fianco, ma anche per sfruttarne le capacità di aumentare la produttività e l'innovazione.

L'integrazione dell'intelligenza artificiale nei modelli ibridi ha portato una nuova dimensione alla collaborazione a distanza. Gli strumenti basati sull'intelligenza artificiale hanno colmato le lacune, garantendo che la comunicazione e la collaborazione siano altrettanto efficaci in ambienti remoti quanto negli uffici fisici. Questi strumenti hanno permesso un livello di flessibilità mai visto prima, consentendo ai dipendenti di lavorare nei modi più adatti alle loro esigenze individuali, pur rimanendo connessi e coesi come team.

Questa integrazione ha anche introdotto nuove dinamiche sul posto di lavoro. Gli stili di leadership hanno dovuto adattarsi per gestire efficacemente i team in un ambiente che è contemporaneamente remoto e potenziato dall'intelligenza artificiale. Il ruolo dei manager si è evoluto dalla supervisione dei compiti alla facilitazione di un ambiente in cui gli strumenti di IA sono accessibili ed efficacemente utilizzati da tutti i membri del team. Questa evoluzione ha sottolineato l'importanza dell'apprendimento continuo e dell'adattabilità, non solo per i dipendenti ma anche per i leader.

La sintesi tra IA generativa e modelli di lavoro ibridi è stata un viaggio di adattamento, apprendimento e crescita. Questa integrazione ha rimodellato l'essenza stessa del nostro modo di lavorare, richiedendo nuove competenze, promuovendo nuove modalità di collaborazione e incoraggiando una cultura dell'innovazione e della flessibilità. Guardando al futuro, questa sintesi promette un luogo di lavoro più dinamico, efficiente e inclusivo, plasmato dalle forze combinate del progresso tecnologico e del desiderio umano di flessibilità e connessione.

Mentre contempliamo la traiettoria futura del lavoro, è chiaro che il panorama è pronto per una continua trasformazione, guidata dagli incessanti progressi tecnologici e dall'evoluzione delle pratiche lavorative. In "The Future of Work Now" abbiamo analizzato lo stato attuale di questo panorama, ma guardando al futuro, l'orizzonte brulica di possibilità e sfide che probabilmente plasmeranno la forza lavoro globale in modo profondo.

L'integrazione dell'IA sul posto di lavoro è destinata ad approfondirsi, con l'IA generativa che diventa sempre più sofisticata e onnipresente. Prevediamo un futuro in cui il ruolo dell'IA si estenderà oltre l'automazione dei compiti a funzioni più complesse come il supporto decisionale, l'analisi predittiva e persino il miglioramento dei processi creativi. Questa evoluzione richiederà probabilmente un livello ancora più elevato di alfabetizzazione all'IA in tutti i settori lavorativi, rendendo l'apprendimento continuo e l'adattabilità competenze essenziali per la forza lavoro.

I modelli di lavoro ibridi, avendo guadagnato terreno, dovrebbero diventare una pratica standard piuttosto che un'eccezione. Il futuro potrebbe vedere questi modelli diventare più fluidi e personalizzati, con le organizzazioni che offriranno una flessibilità ancora maggiore per soddisfare le diverse esigenze e preferenze dei loro dipendenti. Questo cambiamento probabilmente renderà ancora più sfumati i confini tra spazi personali e professionali, sollevando questioni importanti sull'equilibrio tra vita privata e lavoro, sulla salute mentale e sugli aspetti sociali del lavoro.

Le tendenze emergenti suggeriscono che il futuro del lavoro sarà caratterizzato anche da una maggiore attenzione al benessere e alla salute mentale dei dipendenti. Poiché la distinzione tra ufficio e ambiente domestico diventa sempre più sfumata, le organizzazioni potrebbero investire maggiormente in iniziative che favoriscano un sano equilibrio tra lavoro e vita privata, riconoscendo che il benessere dei dipendenti ha un impatto diretto sulla produttività e sull'innovazione.

Un'altra tendenza significativa è la crescente importanza delle considerazioni etiche e delle pratiche sostenibili sul posto di lavoro. Con l'integrazione dell'IA nei processi di lavoro, l'uso etico della tecnologia, la privacy dei dati e l'equità diventeranno aspetti critici. Allo stesso modo, la sostenibilità potrebbe emergere come un fattore chiave nelle pratiche e nelle politiche lavorative, con le organizzazioni che cercano di bilanciare la redditività con la responsabilità sociale e ambientale.

Per quanto riguarda le dinamiche della forza lavoro globale, possiamo aspettarci un continuo aumento della diversità e della collaborazione interculturale, facilitata da modelli di lavoro ibridi e da strumenti di comunicazione guidati dall'intelligenza artificiale. Questo cambiamento porterà probabilmente nuove prospettive e innovazione, ma richiederà anche una comprensione e un apprezzamento più profondi delle differenze culturali e delle pratiche inclusive.

Il futuro del lavoro sembra essere un mosaico di tecnologia, flessibilità e valori incentrati sull'uomo. Mentre andiamo avanti, è fondamentale che le organizzazioni, i leader e i dipendenti rimangano agili, aperti all'apprendimento ed eticamente fondati. Abbracciando questi principi, la forza lavoro globale può navigare tra le sfide e le opportunità di questo panorama in evoluzione, sfruttando il pieno potenziale dell'IA e dei modelli di lavoro ibridi per creare un ambiente di lavoro più efficiente, inclusivo e soddisfacente.

Quando ci troviamo alle soglie di una nuova era del lavoro, è importante riconoscere che il percorso che ci attende è costellato di sfide e opportunità. Il futuro panorama lavorativo, scolpito dall'IA generativa e dai modelli ibridi, presenta una serie di circostanze uniche che le organizzazioni e i dipendenti devono affrontare.

Sfide potenziali

Navigare nella disruption tecnologica: Una delle sfide principali sarà tenere il passo con i rapidi cambiamenti tecnologici. Le organizzazioni dovranno adattare continuamente le loro strategie e operazioni, mentre i dipendenti dovranno impegnarsi nell'apprendimento continuo per rimanere rilevanti nei loro settori.

Mantenere la connessione umana: In un mondo fortemente orientato all'interazione digitale, il mantenimento di un'autentica connessione umana e della cultura del luogo di lavoro potrebbe diventare sempre più impegnativo. Le organizzazioni dovranno trovare modi innovativi per promuovere lo spirito di squadra e il senso di appartenenza, soprattutto in contesti ibridi o completamente remoti.

Problemi etici e di privacy: Con l'integrazione dell'IA nel lavoro quotidiano, le questioni relative alla privacy dei dati, alla sorveglianza e all'uso etico dell'IA diventeranno sempre più importanti. Le aziende dovranno sviluppare strutture solide per affrontare questi problemi.

Disuguaglianza e accesso: Il divario digitale potrebbe ampliarsi, con alcuni dipendenti che hanno un accesso limitato alle tecnologie più recenti o che hanno difficoltà a passare ad ambienti potenziati dall'intelligenza artificiale. Questo divario potrebbe portare a disuguaglianze nelle opportunità e negli avanzamenti di carriera.

Opportunità di crescita e innovazione

Maggiore produttività ed efficienza: L'intelligenza artificiale e l'automazione offrono opportunità senza precedenti per aumentare la produttività e l'efficienza. Le aziende che integrano efficacemente queste tecnologie possono aspettarsi di ottenere significativi guadagni in queste aree.

Flessibilità del luogo di lavoro e accesso globale ai talenti: I modelli ibridi offrono la possibilità di attingere a un bacino di talenti globale, senza vincoli geografici. Questa flessibilità può portare a una forza lavoro più diversificata, qualificata e innovativa.

Creazione di nuovi lavori e ruoli: L'IA porterà anche alla creazione di nuovi ruoli e industrie, in particolare in campi come la gestione dell'IA, l'etica e la sicurezza dei dati. Questi settori emergenti rappresentano significative opportunità di crescita e sviluppo professionale.

Progressi nel benessere dei dipendenti: L'attenzione all'equilibrio tra lavoro e vita privata e alla salute mentale, accelerata dal passaggio al lavoro ibrido, offre l'opportunità di creare ambienti di lavoro più solidali e umani.

Sebbene la strada da percorrere sia irta di sfide, è anche ricca di opportunità per chi è disposto ad adattarsi, innovare e crescere. Le organizzazioni e i dipendenti che abbracciano questa nuova era con una mentalità aperta e con la volontà di imparare ed evolversi saranno nella posizione migliore per prosperare nel futuro del lavoro.

Mentre navighiamo nel panorama in evoluzione del lavoro plasmato dall'IA generativa e dai modelli ibridi, l'importanza delle considerazioni etiche e della leadership responsabile diventa sempre più pronunciata. Nel futuro del lavoro, questi fattori saranno determinanti per indirizzare le organizzazioni verso il successo, sostenendo l'integrità e la fiducia.

L'integrazione dell'IA sul posto di lavoro introduce una serie di sfide etiche. Dalle questioni relative alla privacy dei dati ai potenziali pregiudizi degli algoritmi di IA, la gestione etica rappresenta un pilastro fondamentale per affrontare queste complessità. È imperativo per le organizzazioni sviluppare quadri etici completi che comprendano non solo i tecnicismi dell'IA, ma anche il suo impatto più ampio sui dipendenti, sui clienti e sulla società.

La trasparenza e la responsabilità nelle operazioni di IA e nei processi decisionali sono fondamentali. Una gestione etica implica la necessità di mantenere la chiarezza sul funzionamento dei sistemi di IA e di rendere conto dei loro risultati. Questo livello di apertura è essenziale per costruire e sostenere la fiducia di tutti gli stakeholder coinvolti.

I leader del futuro posto di lavoro devono fornire una visione e una direzione chiare in mezzo ai rapidi cambiamenti tecnologici. Devono essere visionari, prevedendo gli effetti dei progressi tecnologici e dei modelli di lavoro in evoluzione sulla loro organizzazione e sul loro settore. Una leadership responsabile implica la promozione di una cultura organizzativa che dia priorità ai valori etici e li metta in pratica. Ciò significa dare l'esempio, promuovere discussioni aperte su questioni etiche e inserire considerazioni etiche nel tessuto decisionale dell'organizzazione.

La responsabilizzazione e il sostegno dei team è un aspetto critico della leadership, soprattutto negli ambienti di lavoro ibridi. I leader devono garantire che tutti i membri del team, indipendentemente dalla loro posizione lavorativa, abbiano le stesse opportunità di crescita e siano attivamente coinvolti nei processi collaborativi. L'adattabilità è un'altra caratteristica chiave della leadership responsabile, che consiste nell'essere aperti a modificare strategie e metodi in risposta alle sfide etiche emergenti e alle nuove intuizioni. Man mano che ci avviciniamo al futuro del lavoro, l'importanza della gestione etica e della leadership responsabile aumenta. Questi elementi sono fondamentali per navigare nelle complessità dell'IA e degli ambienti di lavoro ibridi. Assicurano che le organizzazioni non solo prosperino in questi tempi di cambiamento, ma diano anche un contributo positivo al più ampio panorama sociale.

In un panorama lavorativo in continua evoluzione, caratterizzato da rapidi progressi nell'IA generativa e dall'adozione diffusa di modelli ibridi, le virtù dell'adattabilità e dell'apprendimento continuo si rivelano essenziali per prosperare. Guardando al futuro, queste caratteristiche non sono solo vantaggiose, ma necessarie sia per gli individui che per le organizzazioni che intendono navigare con successo nelle mutevoli maree del mondo professionale.

L'adattabilità, in questo contesto, va oltre la capacità di gestire il cambiamento; implica un approccio proattivo all'adozione di nuove tecnologie, pratiche di lavoro e paradigmi mutevoli sul posto di lavoro. Per gli individui, ciò significa rimanere aperti a nuove idee, essere disposti a disimparare e reimparare ed essere agili di fronte ai cambiamenti dei requisiti e degli ambienti di lavoro. Per le organizzazioni, l'adattabilità consiste nel creare una cultura flessibile e reattiva, in grado di adottare rapidamente nuove tecnologie e metodologie e di modificare le strategie in risposta all'evoluzione delle esigenze del mercato e della forza lavoro.

L'apprendimento continuo è la chiave di volta di questa capacità di adattamento. In un mondo in cui l'emivita delle competenze si sta rapidamente riducendo, la formazione continua e lo sviluppo delle competenze sono fondamentali. Gli individui devono farsi carico del loro percorso di apprendimento, cercando opportunità di crescita professionale e rimanendo al passo con le tendenze e le tecnologie emergenti nei loro settori. Le organizzazioni svolgono un ruolo cruciale nel facilitare questo ambiente di apprendimento. Ciò si può ottenere fornendo l'accesso a programmi di formazione e sviluppo, incoraggiando la condivisione delle conoscenze e la collaborazione e promuovendo una cultura in cui la curiosità e l'innovazione sono apprezzate e premiate.

Promuovere una mentalità di apprendimento continuo e adattabilità richiede un ecosistema di supporto. Questo include una leadership che sostiene l'apprendimento e la crescita, politiche che forniscono tempo e risorse per lo sviluppo delle competenze e un ambiente di lavoro che celebra la sperimentazione e l'apprendimento dal fallimento. Nel guidare le persone e le organizzazioni a coltivare queste qualità, è essenziale sottolineare i vantaggi che vanno oltre i guadagni professionali immediati. L'adattabilità e l'apprendimento continuo contribuiscono alla resilienza della carriera a lungo termine, alla realizzazione personale e alla sostenibilità dell'organizzazione. Sono la chiave non solo per sopravvivere, ma anche per prosperare nel futuro panorama del lavoro, dove il cambiamento è l'unica costante.

Giunti alla conclusione di "The Future of Work Now", è importante riflettere sul viaggio che abbiamo fatto insieme attraverso le pagine di questo libro. Abbiamo esplorato il vasto e intricato panorama di un luogo di lavoro rimodellato dall'IA generativa e da modelli di lavoro ibridi, scoprendo le sfide e le opportunità che vi si celano. L'esplorazione non si è limitata a comprendere questi cambiamenti, ma ha riguardato anche il ruolo che ciascuno di noi svolge nel plasmare il futuro del lavoro.
Tutti gli stakeholder, dai leader aziendali ai politici, dai dipendenti agli educatori, hanno un ruolo critico da svolgere in questa storia in evoluzione. I leader e i manager hanno il compito di guidare le loro organizzazioni attraverso territori inesplorati, bilanciando i progressi tecnologici con considerazioni etiche e promuovendo culture che valorizzino l'adattabilità e l'apprendimento continuo. I dipendenti, invece, devono adottare una mentalità di

apprendimento continuo, rimanendo agili e aperti a nuovi modi di lavorare. Gli educatori e i formatori sono fondamentali per dotare la forza lavoro delle competenze necessarie a navigare in questo nuovo panorama, mentre i politici e le autorità di regolamentazione devono garantire che la transizione verso questi nuovi modelli di lavoro sia agevole, equa e inclusiva.

Il viaggio di questo libro si conclude con un invito all'azione per tutti i lettori. Abbracciate il cambiamento in atto. Siate aperti alle innovazioni che stanno rimodellando i nostri ambienti di lavoro. Impegnatevi con i nuovi strumenti e le nuove tecnologie, non come destinatari passivi, ma come contributori attivi che possono plasmare il loro uso per il bene comune. In quest'epoca di rapida trasformazione, la vostra capacità di adattamento, la vostra creatività e le vostre considerazioni etiche saranno i vostri maggiori punti di forza.

Non limitiamoci ad assistere al futuro del lavoro, ma partecipiamo attivamente alla sua creazione. Costruiamo un ambiente di lavoro che non sia solo più efficiente e produttivo, ma anche più inclusivo, equo e soddisfacente per tutte le persone coinvolte. Il futuro del lavoro non è un'idea lontana: sta accadendo ora, ed è nostro compito plasmarlo.

Nello spirito di continua evoluzione e crescita, vi invitiamo a prendere spunto da questo libro e ad applicarlo nella vostra vita professionale e personale. Innovate, collaborate e contribuite a creare un ambiente di lavoro pronto per le sfide di domani. Il futuro del lavoro è un viaggio entusiasmante, che intraprenderemo insieme.

www.ingramcontent.com/pod-product-compliance
Lightning Source LLC
Chambersburg PA
CBHW070907290526
45795CB00001B/238